Landschaften auf
MALTA, GOZO
UND COMINO

ein Auto- und Wanderführer

Dritte Auflage

Douglas Lockhart
deutsch von
Andreas Stieglitz

SUNFLOWER BOOKS

Meinen Eltern gewidmet

Dritte Auflage 2000
Sunflower Books™
12 Kendrick Mews
GB-London SW7 3HG

Copyright © 2000
Alle Rechte vorbehalten.
Ohne vorherige schriftliche
Erlaubnis des Verlages darf
kein Teil dieses Buches
elektronisch, fotomechanisch,
durch Fotokopie, Bandauf-
nahme oder auf andere
Weise vervielfältigt oder
gespeichert werden.

Sunflower Books und
›Landschaften‹ sind einge-
tragene Warenzeichen.

ISBN 1-85691-153-5

Mdina — Hauptto

Wichtiger Hinweis an die Leser

Wir haben uns um Beschreibungen und Karten bemüht, die zum Zeit
punkt der Drucklegung fehlerfrei sind. Neuauflagen werden (sofer
erforderlich) aktualisiert. Es wäre für uns sehr hilfreich, Ihre Verbesse
rungsvorschläge zu erhalten. Bitte senden Sie Anregungen und Kriti
auf Deutsch oder Englisch an den Verlag. Bitte schreiben Sie auc
unseren **Update-Service** an (siehe vorletzte Seite des Buches).
 Wir verlassen uns darauf, daß die Benutzer dieses Buches — insbe
sondere Wanderer — die Landschaft mit Besonnenheit und Umsich
erkunden. Die Gegebenheiten können sich auf den Maltesischen Insel
durch **Sturm, Regen sowie Bauarbeiten schnell ändern**. Sollte einma
eine Wanderroute anders als hier beschrieben sein und Ihnen de
weitere Weg unsicher erscheinen, kehren Sie zum Ausgangspunk
zurück. *Versuchen Sie niemals, eine Tour unter gefährlichen Bedin
gungen fortzusetzen!* Bitte lesen Sie sorgfältig die Ausführungen auf der
Seiten 27 bis 35 sowie die einleitenden Planungshinweise (hinsichtli
Straßenzustand, Ausrüstung, Schwierigkeitsgrad, Länge, Gehzeit etc.
zu Beginn einer jeden Tour. Gehen Sie mit **Umsicht** auf Erkundungstou
und nehmen Sie dabei Rücksicht auf die Schönheit der Landschaft.

Umschlagsfoto: Marsaxlokk
Titelseite: Dwejra Bay, Gozo

Fotos: Douglas Lockhart
Autokarten und Stadtpläne: John Underwood
Wanderkarten: Pat Underwood, auf der Grundlage von Basismaterial
 daß von der Survey and Mapping Unit, Planning Authority, Floriana
 Malta zur Verfügung gestellt wurde. Das Urheberrecht für dieses
 Material verbleibt beim Planning Services Directorate.
Druck und Einband in England: Brightsea Press, Exeter

Inhalt

Vorwort	5
Danksagung; Nützliche Bücher	6
Verkehr	7
Picknickausflüge	9
Picknickvorschläge	10
Autotouren	15

**TOUR 1 MALTA: VON DEN ZENTREN DES MASSEN-
TOURISMUS IN DIE URSPRÜNGLICHE LANDSCHAFT** — 17
  Sliema • Salina Bay • Mellieha • Cirkewwa •
  Golden Bay • Mgarr • Bingemma Gap • Rabat •
  Mdina • Mosta • Naxxar • San Gwann • Sliema

**TOUR 2 MALTA: ALTERTÜMER, FISCHERDÖRFER
UND GÄRTEN** — 21
  Sliema • Hypogäum • Marsascala • Marsaxlokk •
  Wied iz-Zurrieq • Hagar Qim • Ghar Lapsi •
  Buskett Gardens • San Anton Gardens • Sliema

TOUR 3 GOZO: DIE PERLE DES ARCHIPELS — 24
  Mgarr • Ir-Ramla • Marsalforn • Victoria • Dwejra Bay
  • Xlendi • Mgarr

Wanderungen	27
Wegmarkierungen und Karten	28
Vorsichtsmaßnahmen für Wanderer	28
Ausrüstung	29
Wetter	29
Fotografieren	30
Unterkunft	30
Aussprache des Maltesischen; Ortsnamen	31
Plagen und Gefahren	32
Jäger und Fallensteller	33
Hinweise zum Natur- und Landschaftsschutz	34
Vorbereitung der Wanderungen	35

STADTSPAZIERGÄNGE, MALTA *(mit Städtplänen)*

1 Valletta: Hauptstadt und planmässig angelegte Stadt	36
2 Die Drei Städte: Cospicua, Senglea und Vittoriosa	39
3 Mdina und Rabat	43

WANDERUNGEN DURCHS LAND

*Der Norden Maltas — Wanderungen in der Nähe von
Mellieha und St Paul's Bay*

4 Ghadira • Madonnenstatue • Armier Bay • Marfa	47
5 Armier-Kreuzung • Qammieh • Ic-Cumnija • Ghadira	50
6 Ghadira • Il-Prajjet • Ghajn Snuber • Golden Bay	56
7 Selmun Palace • Mgiebah Valley • Blata l-Bajda • Mistra Bay • Xemxija	56
8 Wied l-Arkata • Bidnija • Il-Qolla • Pwales Valley • Xemxija	60

4 Landschaften auf Malta, Gozo und Comino

    9 Falka • Wied il-Ghajn Rihana • Ghallis Tower   6

  10 St Julian's • Madliena • Gharghur • Maghtab •
Bahar ic-Caghaq   6

Der Westen Maltas — Wanderungen in der Nähe von Rabat, Dingli und Siggiewi

  11 Bingemma Gap • Nadur Tower • Bingemma Fort •
L-Iskorvit • Golden Bay   6

  12 Rabat (Busugrilla) • Chadwick Lakes • Mtahleb •
Il-Qlejgha • Bahrija • Gnejna Bay • Mgarr   7

  13 Mosta • Qlejgha Valley • Chadwick Lakes •
Dwejra Lines • Mosta   7

  14 Rabat (Busugrilla) • Tal-Lunzjata Ridge • Dingli
• Ta' Baldu • Tat-Targa • Rabat (Busugrilla)   8

  15 Rabat (Tal-Virtu) • Wied Ta' l-Isqof • Gnien il-Kbir
• Rabat (Saqqajja)   8

  16 Buskett • Ghar il-Kbir • Laferla Cross • Verdala Palace   8

  17 Buskett • Rdum Dikkiena • Ghar Lapsi • Hagar Qim
• Blaue Grotte   9

  18 Siggiewi • Tal-Providenza • Kapelle San Niklaw •
Siggiewi   9

  19 Siggiewi • Wied il-Hesri • Wied Qirda • Wied il-Kbir
• Qormi   9

Der Südosten Maltas — Wanderungen von Marsaxlokk und Marsascala aus

  20 Marsaxlokk • Borg in-Nadur • Gudja   10

  21 Marsascala • St Thomas Bay • Il-Hofra •
Delimara Point • Tas-Silg • Marsaxlokk   104

  22 Marsascala • Zonqor Point • San Leonardo • Xghajra
• Marsascala   108

Gozo — Wanderungen von Victoria und Mgarr aus

  23 Victoria • Zebbug • Xwieni Bay • Hekka Point •
Gharb • Victoria   111

  24 Victoria • Xlendi • Dwejra Bay • Santa Lucija •
Victoria   115

  25 Mgarr • Mellieha Point • Mgarr ix-Xini • Sannat •
Victoria   119

  26 Mgarr • Hondoq ir-Rummien • Qala • Dahlet Qorrot •
San Blas Bay • Ir-Ramla • Ggantija • Xewkija   123

Comino

  27 Wanderungen vom Comino Hotel, San Niklaw Bay   128

Fahrpläne (Busse, Hubschrauber, Fähre)   131

Ortsregister   134

Notfall-Telefonnummern   136

Ausfaltbare Karten   *vor der hinteren Umschlagseite*

Vorwort

Malta, Gozo und Comino ziehen jedes Jahr mehr als 1,2 Millionen Urlauber an; die meisten von ihnen kommen aus Großbritannien, Italien, Deutschland und Skandinavien. Viele Touristen lockt das typisch mediterrane Klima; die Strände Maltas bieten eine Alternative zu den spanischen ›Costas‹. Britische Militärangehörige, die hier einst stationiert waren, kehren mit ihren Familien zurück, um sich vergangener Tage zu erinnern. Nicht alle Urlauber verbringen ihre Zeit ausschließlich am Hotelpool oder Strand. Während seiner Aufenthalte war unser Autor angenehm überrascht, so viele Besucher anzutreffen, die die Insel zu Fuß oder mit dem Auto erkundeten. Wer Interesse verspürt, die Landschaft Maltas kennenzulernen, dem wird viel geboten: Eine reiche Vergangenheit, Militärbauten und Kirchen, Geologie und Pflanzenwelt. Falls man zum ersten Mal Malta besucht, werden bereits ein paar Wanderungen den Wunsch wecken, wieder auf die Insel zurückzukehren.

Das vorliegende Buch ist in drei Abschnitte mit jeweils separater Einleitung aufgeteilt. **Autofahrer** können malerische Fischerdörfer, antike Ruinen, hohe Meeresklippen, Kirchen und ruhige Gartenanlagen besuchen. **Picknickfreunden** stehen mehr als 30 reizende Picknickplätze zur Auswahl, alle inmitten großartiger Landschaften gelegen oder von interessanten Denkmälern umgeben. **Wanderern** bieten sich leichte Spaziergänge oder anstrengendere Tagestouren; unsere Wanderungen führen zu den sehenswertesten Landschaften der drei Inseln.

Die Geschichte der Maltesischen Inseln reicht in die Jungsteinzeit zurück. Siedler aus Sizilien brachten Ackerbau und Viehzucht sowie die Töpferei mit sich. Später hinterließen Phönizier, Karthager, Römer, Araber, Johanniter, ganz kurz die Franzosen und schließlich die Briten Spuren ihrer Herrschaft. Die Inseln sind reich an vorgeschichtlichen Stätten, darunter der riesige megalithische Kultplatz in Hagar Qim (Malta), der Tempelkomplex Ggantija (Gozo) und das Hypogäum bei Paola (Malta). In jüngerer Geschichte ließ der über Malta herrschende Johanniterorden die eindrucksvolle Stadt Valletta errichten. Die Verteidigungsmauern, die die Stadt und den Hafen so erfolgreich vor Invasoren schützten, sind ein architektonisches Meisterwerk. Verstreut auf der ganzen Insel stehen Wachttürme und Forts, die auf die strategisch bedeutsame Lage Maltas im Mittelmeer verweisen. Einige von ihnen wurden im vorigen Jahrhundert erbaut, andere stammen aus dem Zweiten Weltkrieg. Die Malteser sind ein tief religiöses Volk; allenthalben sind beeindruckende Kirchen und reizende Kapellen, viele davon der Öffentlichkeit zugänglich, anzutreffen. In Valletta

6 Landschaften auf Malta, Gozo und Comino

lohnen das Nationale Archäologische Museum, der Groß meisterpalast und das Kriegsmuseum einen Besuch.

Malta erlangte 1964 die Unabhängigkeit; zehn Jahre später wurde die Republik ausgerufen. 1979 verließen die letzten britischen Soldaten die Insel. Die Republik Malta besteht aus den drei Hauptinseln Malta, Gozo und Comino sowie einer Anzahl kleinerer, unbewohnter Inseln. Malta umfaßt lediglich 246 qkm, Gozo nur 67 qkm. Mit 375.000 Einwohnern stellen die Maltesischen Inseln eines der am dichtesten besiedelten Gebiete der Welt dar. Ein Großteil der Bevölkerung lebt in Valletta sowie einer Handvoll kleinerer Ortschaften, während weite Landstriche und Küstengegenden nur dünn besiedelt sind.

Die Inseln standen seit jeher mit einer Vielzahl anderer Völker und Kulturen in Kontakt und erlebten häufig Fremdherrschaft. Die Malteser sind daher ein ausgesprochenes Völkergemisch. Erstaunlicherweise konnte die maltesische Sprache überleben, obgleich Englisch zweite Amtssprache ist und von fast allen Einwohnern verstanden wird. Die Malteser sind gastfreundlich und aufgeschlossen, ganz gemäß dem Slogan der Fremdenverkehrswerbung: »Wir versprechen ihnen ein herzliches Willkommen«.

Danksagung

Für ihre Hilfe bei der Ausarbeitung dieses Buches bin ich folgenden Personen zu Dank verpflichtet:

Karten und Pläne: Planning Authority, Floriana;

Praktische Hilfe: Louis Azzopardi, Malta Tourism Authority, Valletta; Pauline Grech, Gozo Tourist Office, Victoria;

Ich möchte auch jenen Wanderfreunden danken, die mir hilfreiche Hinweise zur ersten und zweiten Auflagen dieses Buches gaben.

Nützliche Bücher

Apa Pocket Guide Malta
ApaGuide Malta
Artemis Kunst- und Reiseführer Malta
Baedeker Allianz-Reiseführer Malta
Berlitz Reiseführer Malta
DuMont Kunst-Reiseführer: Malta und Gozo
Goldstadt Reiseführer Malta
Marco Polo Reiseführer Malta
Merian SuperReisen: Malta
Polyglott-Reiseführer: Malta mit Gozo und Comino

Verkehr

Malta und Gozo lernt man am besten mit dem **Leihwagen** kennen. In den größeren Urlaubszentren bieten internationale Autovermieter eine Auswahl moderner Fahrzeuge an. Die Leihwagen örtlicher Autovermieter sind meist älteren Baujahrs. Im allgemeinen sind Leihwagen verhältnismäßig preiswert.

Das ganze Jahr über werden von Hotels aus organisierte **Ausflüge mit dem Bus** angeboten, die zu den Hauptsehenswürdigkeiten auf Malta und Gozo führen. Diese Touren bieten eine brauchbare Einführung in die Geschichte und Landschaft der Inseln, folgen jedoch den großen Touristenströmen.

Das Liniennetz der **öffentlichen Busse** erstreckt sich vom City Gate, Valletta über die gesamte Insel. Viele Busse sind alt; die Fahrt mit ihnen stellt ein echtes Erlebnis dar. Busfahrten sind unglaublich billig. Die meisten der in diesem Buch beschriebenen Wanderungen sind mit dem Bus erreichbar; von den Ferienorten bestehen häufige Verbindungen nach Valletta. Auf Gozo liegt der zentrale Busbahnhof an der Main Gate Street in Victoria. Manche Busverbindungen sind unregelmäßig und richten sich mehr nach den Bedürfnissen der Einwohner als denen der Touristen. Aktuelle Fahrpläne hängen am Betriebsbüro des Busbahnhofs aus. Sie sind jedoch sehr verwirrend; im Winter fahren die Busse weniger häufig, und im Sommer (wenn die Arbeitsstunden früher enden) gelten wiederum andere Zeiten. Überdies fährt bei einigen Buslinien der letzte Bus von Victoria nur bis zum Zielort und nicht wieder die normale Strecke zum Busbahnhof zurück. Der Bus 25 von Victoria zum Hafen in Mgarr, dem Anlegeplatz der Malta-Gozo-Fähre, ist zu empfehlen. Der Bus verläßt Mgarr kurz nach Ankunft der Fähre und fährt von Victoria 30 Minuten vor ihrem Ablegen ab.

Taxis stehen in den größeren Ortschaften Maltas bereit. Auf

Busbahnhof, Naxxar

8 Landschaften auf Malta, Gozo und Comino

Gozo befinden sich Taxistände am Hafen von Mgarr und an mehreren Stellen entlang der Republic Street in Victoria. Die Fahrpreise sind staatlich kontrolliert. An vielen Taxiständen gibt es Listen mit Festpreisen zu bekannten Ausflugszielen. Ausflüge mit dem Taxi stellen eine gute Alternative zu organisierten Bustouren dar, insbesondere dann, wenn man sich die Kosten teilen kann.

Motorräder und **Fahrräder** bieten eine preiswerte Möglichkeit, sich auf den schwach befahrenen Straßen von Gozo fortzubewegen. Sie können in Victoria gemietet werden.

Fähren: Zwischen Malta und Gozo verkehren Fähren der Gozo Channel Company, Hay Wharf, Sa Maison. Diese Fährgesellschaft hat außerdem Büros in Cirkewwa und am Hafen von Mgarr auf Gozo. Das Comino Hotel betreibt eine fahrplanmäßige Bootsverbindung von Cirkewwa und Mgarr zum Hotel-Anlegesteg; außerdem fahren einige private Schifffahrtsgesellschaften von Malta zur Blauen Lagune auf Comino. Telefonnummern und Fahrzeiten dieser Fähren auf Seite 133.

Hubschrauber verkehren zwischen dem Internationalen Flughafen auf Malta und einem neuen Landeplatz für Hubschrauber bei Xewkija auf Gozo. Diese Verbindung besteht ganzjährig, mit fünf bis sechs Flügen in jede Richtung täglich. Siehe Seite 133.

Gedruckte Fahrpläne sind für den Fährdienst und die Hubschrauber-Verbindung erhältlich. Die öffentliche Verkehrsverwaltung hat außerdem einen kostenlosen Busfahrplan für Malta *(Malta Bus Map)* herausgegeben, der sehr detaillierte Informationen zu den Routen, Abfahrtszeiten und Fahrpreisen enthält. Auf den Seiten 131 bis 133 sind die Fahrpläne der Bus- und Fährlinien abgedruckt, die für die in diesem Buch beschriebenen Wanderungen und Picknickausflüge benötigt werden. Außerdem sind die Busverbindungen zwischen den Ferienzentren und Valletta aufgeführt. *Man verlasse sich jedoch nie ausschließlich auf die hier abgedruckten Fahrpläne.* Die Fahrzeiten ändern sich ständig, und eine verpaßte Bus- oder Fährverbindung kann den ganzen Tag verderben. In den Busbahnhöfen in Valletta, Sliema oder Bugibba kann man die Fahrzeiten der Fähren erfragen und die aktuelle *Malta Bus Map* bekommen. Bei den Gozo-Fremdenverkehrsämtern am Hafen von Mgarr und in Victoria ist ein Fahrplan mit den Hauptverbindungen nach Gozo erhältlich.

Die Stellen, an denen die **Busse abfahren**, sind auf den Stadtplänen von Valletta (Seite 38), Rabat (Seite 44) und Victoria auf Gozo (mit der Gozo-Autokarte vor der hinteren Umschlagseite) verzeichnet.

🌻 Picknickausflüge

Auf den Maltesischen Inseln ist ein Picknick meist eine recht ungezwungene Angelegenheit, da es kaum angelegte Picknickplätze mit Tischen und Bänken gibt. Weithin kann man jedoch in herrlicher Umgebung, etwa auf Klippen oder in entzückenden kleinen Meeresbuchten, ungestört picknicken.

Auf den folgenden fünf Seiten sind mehr als 30 besonders schöne und empfehlenswerte Plätzchen beschrieben. *Die Picknicknummern entsprechen denen der Wanderungen.* So kann man schnell die allgemeine Lage auf der Insel finden, denn auf der Straßenkarte sind die Wandergebiet weiß umrahmt.

Die meisten Picknickplätze sind mit dem Bus, Auto oder Taxi sehr leicht erreichbar und erfordern lediglich einen kurzen

Blaue Lagune, Comino (Picknick 27)

10 Landschaften auf Malta, Gozo und Comino

Fußmarsch. Einige Picknickausflüge sind mit einer kleinen Wanderungen verbunden (z.B. Picknick 7a, 21a und 26c). E werden Hinweise zu Gehzeit, Anfahrt (🚌: Anfahrt mit dem Bus; 🚗: Parkplatz), Karte, Ausblick und Umgebung gegeben Auf der entsprechenden *Wanderkarte* ist die Lage des Pick nickplatzes mit dem Symbol ***P*** gekennzeichnet. Auf die Abbil dungen zu einigen Picknickplätzen wird im Text verwiesen.

Für Picknickausflüge abseits der Hauptwege sollte mar angemessenes Schuhwerk tragen und einen **Sonnenhut** mitnehmen (○ verweist auf einen Picknickplatz in praller Sonne). Der Boden kann feucht oder stachelig sein; die Mitnahme einer Plastikplane empfiehlt sich.

Falls man mit öffentlichen Verkehrsmitteln zum Picknick anreist, sollte man die Fahrpläne auf den Seiten 131-133 anhand der aktuellen Informationen der Verkehrsbetriebe in den Büros in Valletta, Sliema, Buggiba oder Victoria überprüfen. (Auf Malta empfiehlt es sich, sich ein Exemplar der auf Seite 8 erwähnten offiziellen *Malta Bus Map* zu besorgen.) Im Zweifelsfall sollte man sich *vor Fahrtantritt* in der Verkehrsleitzentrale oder beim Busfahrer erkundigen. Auf Strecken, die nur unregelmäßig befahren werden, ist dies besonders wichtig. Rückkehrmöglichkeiten mit der Fähre sollte man schon auf der *Anreise* erkunden.

Falls man mit dem Auto unterwegs ist, ist abseits der Hauptstraßen besondere Vorsicht geboten. Spielende Kinder in den Dorfstraßen und Bauern mit ihren Tieren sind eventuell nicht an den Verkehr gewöhnt. Man parke das Auto abseits der Straße, ohne Pflanzen zu beschädigen, und blockiere *niemals* eine Straße oder einen Feldweg.

Alle Ausflügler sollten die Hinweise zum Natur- und Landschaftsschutz auf Seite 34 lesen sowie sich leise durch die Landschaft bewegen.

4a MALTA: MELLIEHA BAY (Karte Seite 46-47) ○

Mit dem Auto: bis 5 Min. zu Fuß   *Mit dem Bus: bis 5 Min. zu Fuß*
🚗 An der Promenade der Mellieha Bay parken.
🚌 44 oder 45 zum Ghadira Polizeirevier
Überall entlang des Strandes, einem der schönsten Maltas, bieten sich Picknickmöglichkeiten. Kein Schatten, doch gibt es in der Nähe einige Bars/Restaurants.

4b MALTA: MARFA RIDGE (Karte Seite 46-47) 🚗

Mit dem Auto: bis 5 Min. zu Fuß   *Mit dem Bus: 40 Min. zu Fuß*
🚗 An einer der Picknickstellen entlang der Kammstraße parken.
🚌 45; an der Armier-Kreuzung aussteigen und der Kammstraße nach Osten folgen (siehe Kurzwanderung 4-2, Seite 47).
Einer der wenigen angelegten Picknickplätze (ausgeschildert) auf Malta. Unter schattigen Bäumen stehen Tische. Blick auf die St Paul's-Inseln.

4c MALTA: ARMIER BAY (Karte Seite 46-47, Foto Seite 48) ○

Mit dem Auto: bis 5 Min. zu Fuß   *Mit dem Bus: 5-40 Min. zu Fuß*
🚗 An der Armier Bay parken (die dritte Linksabzweigung von der Marfa Ridge-Straße).

Picknickvorschläge 11

🚌 50 zur Armier Bay (nur im Sommer; 5 Min. Fußweg zum Strand) oder 🚌 45 zur Armier-Kreuzung (außer im Sommer; 40 Min. Fußweg zum Strand; siehe Kurzwanderung 4-2, Seite 47).
An diesem schönen Sandstrand gibt es viele Parkmöglichkeiten sowie einige Bars und Restaurants; sonntags und während der Sommerferien von den Maltesern stark frequentiert.

5 MALTA: RED TOWER (Karte Seite 46-47) ○

Mit dem Auto: Bis 5 Min. zu Fuß   Mit dem Bus: 5-10 Min. zu Fuß
🚗 Am Straßenrand nahe dem Turm auf dem Marfa Ridge parken.
🚌 45; an der Armier-Kreuzung aussteigen und der Beschreibung von Wanderung 5 auf Seite 50 folgen.
Schöne Ausblicke nach Süden auf Mellieha und nach Norden auf Gozo. Die Stelle ist sehr dem Wind ausgesetzt.

6a MALTA: GHAJN SNUBER TOWER (Karte Seite 54) ○

Mit dem Auto: 5-10 Min. zu Fuß   Mit dem Bus: 40 Min. zu Fuß
🚗 Am Rande des Weges parken, der zum Turm führt (der Weg liegt westlich der Mellieha/Ghajn Tuffieha-Straße).
🚌 43, 44 oder 45 zur Haltestelle im Dorf Mellieha, dann anhand der Karte auf Seite 54 orientieren.
Eine typisch maltesische Klippenlandschaft.

6b MALTA: GOLDEN BAY (Karte Seite 54) ○

Mit dem Auto: 5-10 Min. zu Fuß   Mit dem Bus: 5-10 Min. zu Fuß
🚗 Nahe dem Hotel Golden Sands parken.
🚌 47 oder 51 zur Haltestelle Ghajn Tuffieha, dann anhand der Karte auf Seite 54 orientieren, um zum Strand zu gelangen.
Schöner Sandstrand. Kein Schatten.

7a MALTA: MGIEBAH BAY (Karte Seite 58-59; Foto Seite 12) ○

Mit dem Auto: 20-25 Min. zu Fuß   Mit dem Bus: 40 Min. zu Fuß
🚗 Nahe dem Selmun Palace parken und dann der Beschreibung von Wanderung 7 auf Seite 56 hinunter zur Bucht folgen.
🚌 43, 44 oder 45; an der Bushaltestelle des Hotels Selmun Palace aussteigen (nahe des Kreisels außerhalb von Mellieha). Dem Anfang von Wanderung 7 (Seite 56) folgen.
Eine kleine ruhige Bucht, umgeben von felsigen Landzungen.

7b MALTA: MISTRA BAY (Karte Seite 58-59) ○

Mit dem Auto: bis 5 Min. zu Fuß   Mit dem Bus: 15-20 Min. zu Fuß
🚗 An der Mistra-Bucht parken.
🚌 43, 44 oder 45; an den Mistra Village Appartements aussteigen und anhand der Karte von Wanderung 7 (Seite 58-59) orientieren, um zum Strand zu gelangen.
In dieser geschützten Bucht kann man gut sonnenbaden, schwimmen und picknicken.

10a MALTA: VICTORIA LINES (Karte Seite 64-65, Foto Seite 69) ○

Mit dem Auto: bis 5 Min. zu Fuß   Mit dem Bus: 15 Min. zu Fuß
🚗 An den Befestigungswällen parken: Die Gharghur-Straße (1km südlich von Bahar ic-Caghaq) nehmen; an der auf Seite 66-67 abgebildeten Kapelle und der Villa Suzie vorbeifahren (beide stehen linkerhand). Dann rechts auf eine schmale Straße zu den Wällen biegen.
🚌 55; im Dorf Gharghur aussteigen. Der Straße Richtung Madliena folgen, dann (30 m vor der Villa Suzie) links auf einen Weg abbiegen.
Dieser am Wochenende stark von Einheimischen frequentierte Picknickplatz bietet hinreißende Ausblicke.

12 Landschaften auf Malta, Gozo und Comino

10b MALTA: GARTEN NAHE DEN VICTORIA LINES
(Karte Seite 64-65) ○

Mit dem Auto: bis 15 Min. zu Fuß   Mit dem Bus: 25 Min. zu Fuß
🚗 und 🚌 wie Picknick 10a. Man folgt der Beschreibung von Picknick 10a, geht jedoch noch zehn Minuten weiter, bis man eine weitere kleine Grünanlage mit Sitzen erreicht.
Guter Ausblick auf die Nordküste.

11a MALTA: BINGEMMA GAP (Karte Seite 74-75, Foto Seite 69) ○

Mit dem Auto: bis 5 Min. zu Fuß   Mit dem Bus: 40-50 Min. zu Fuß
🚗 An der Kapelle am Bingemma Gap (nordwestlich von Rabat) parken.
🚌 80 nach Rabat. Dann entweder ein Taxi zum Bingemma Gap nehmen oder zu Fuß über den Busugrilla-Kreisel dorthin wandern (siehe Karte).
Von der Kapelle hat man wunderbare Ausblicke auf den Norden Maltas.

11b MALTA: LIPPIJA TOWER (Karte Seite 70-71) ○

Mit dem Auto: 10-15 Min. zu Fuß   Mit dem Bus: 25 Min. zu Fuß
🚗 Am Rand des Weges parken, der zum Turm führt (der Weg führt von der Gnejna Bay-Straße nach Nordwesten).
🚌 47; in der Ortschaft Mgarr aussteigen und dann an der Beschreibung von Kurzwanderung 11-2 (Seite 69) orientieren.
Herrlicher Blick auf das Meer. Nicht zu nahe an den Klippenrand treten!

12 MALTA: GNEJNA BAY (Karte Seite 74-75) ○

Mit dem Auto: bis 5 Min. zu Fuß   Mit dem Bus: 40 Min. zu Fuß
🚗 An der Gnejna-Bucht parken.
🚌 47; im Dorf Mgarr aussteigen und der Straße zur Bucht folgen.
Eine reizende, von großartigen Klippen umgebene Bucht.

13 MALTA: PUBLIC GARDEN, TARGA GAP (Karte Seite 78-79) ○

Mit dem Auto: bis 5 Min. zu Fuß   Mit dem Bus: bis 5 Min. zu Fuß
🚗 Am Straßenrand am Targa Gap (nordwestlich von Mosta) oder dem Weg, der von den Victoria Lines heranführt, parken.
🚌 43, 44, 45, 49 oder 58; am Targa Gap aussteigen.
Diese öffentlichen Gärten am Ortsrand von Mosta bietet gute Ausblicke über die Landschaft und St Paul's Bay.

15 MALTA: RABAT (TAL-VIRTU) (Karte Seite 88-89) ○

Mit dem Auto: kein Fußweg   Mit dem Bus: bis 5 Min. zu Fuß
🚗 Man parkt am Aussichtspunkt. Wenn man nach Rabat von Valletta/Zebbug hineinkommt, folgt man der Triq Nikol Saura und der Triq Gorg Borg Olivier; dann biegt man links in die Triq Tal-Virtu und parkt nach 400 m auf der linken Seite.

🚌 80, 81; an der Straßenverzweigung der Triq Tal-Virtu mit der Triq Gorg Borg Olivier aussteigen. Die Bushaltestelle kommt als dritte in Rabat, nachdem der Bus den steilen Hang in die Stadt hinaufgefahren ist. An dieser Straßenverzweigung folgt man dem blauen Wegweiser ›Seminarju‹, um den Aussichtspunkt zu erreichen.

Gegenüber der Apostolic Nunciature stehen an diesem Aussichtspunkt Sitzbänke. Herrlicher Ausblick über das Umland auf Mosta und bis nach Valletta.

Mgiebah Valley (Picknick 7a)

Salinen bei Blata l'Bajda (Wanderung 7)

16 MALTA: BUSKETT GARDENS
(Karte Seite 88-89, Foto Seite 92)

Mit dem Auto: bis 5 Min. zu Fuß
Mit dem Bus: 5-10 Min. zu Fuß
🚗 An den Buskett Gardens parken.
🚌 81 nach Buskett.
In diesen Gärten kann man im Schatten von Kiefern, Zitrusbäumen und weiteren Bäumen picknicken. Am Wochenende ein beliebtes Ausflugsziel.

17a MALTA: GHAR LAPSI
(Karte Seite 94-95)

Mit dem Auto: bis 5 Min. zu Fuß
Mit dem Bus: nicht gut erreichbar
🚗 In Ghar Lapsi parken.
Auch bei windigem Wetter ein geschützter Flecken. Interessante Fischerboote und Landungsstege. Die Bootshäuser spenden etwas Schatten.

17b MALTA: WIED IZ-ZURRIEQ (Karte Seite 94-95)

Mit dem Auto: bis 5 Min. zu Fuß   Mit dem Bus: nicht gut erreichbar
🚗 Auf dem Parkplatz am Eingang des Fischerdorfs parken.
Schroff abfallende Talwände und Fischerboote, die die Besucher zur Blauen Grotte bringen, tragen zum Reiz dieses Picknickplatzes bei. In den Bars des nahegelegenen Dorfs findet man Schatten.

21a MALTA: PETER'S POOL (Karte Seite 105) ○

Mit dem Auto: 25-30 Min. zu Fuß   Mit dem Bus: nicht gut erreichbar
🚗 Parkplatz an der (geschlossenen) Restaurantbar Ta' Kalanca am Delimara Point *(keine Wertsachen im Auto lassen)*. Dann mittels der Karte auf Seite 105 entlang der Küste zum Picknickplatz gehen.
Breite Felsabstufungen und gute Schwimmgelegenheiten, jedoch kein Schatten. Nach regnerischem oder windigem Wetter besteht an den Klippen in dieser Gegend Steinschaggefahr; nicht am Fuße der Felswand picknicken.

21b MALTA: IL-QALA T-TAWWALIJA (Karte Seite 105) ○

Mit dem Auto: 5-10 Min. zu Fuß   Mit dem Bus: nicht gut erreichbar
🚗 wie Picknick 21a oben; siehe Karte Seite 105.
Eine kleine, geschützte Bucht.

22 MALTA: BLATA L-BAJDA (Karte Seite 109) ○

Mit dem Auto: 1 Min. zu Fuß   Mit dem Bus: 5 Min. zu Fuß
🚗 am Meeresufer parken (Dawret ix-Xatt).
🚌 21; an der Endhaltestelle in Xghajra aussteigen.
Salinen, Bademöglichkeiten und eine kleine Bar, die bei den Einheimischen sehr beliebt ist.

23 GOZO: XWIENI BAY (Karte Seite 112-113, Foto Seite 113) ○

Nur mit dem Auto: bis 5 Min. zu Fuß   🚗 In der Xwieni-Bucht parken.
Malerische Bucht mit Salinen und steilen Klippen.

24a GOZO: XLENDI (Karte Seite 116-117)

Mit dem Auto: bis 5 Min. zu Fuß   Mit dem Bus: 5 Min. zu Fuß
🚗 In der Ortschaft Xlendi parken.   🚌 87 von Victoria nach Xlendi
Auf dem Weg zum Xlendi-Turm kann man an verschiedenen Stellen der Küste picknicken. Im Hafen findet man auch etwas Schatten.

Die Baumartige Wolfsmilch (Euphorbia dendroides) *blüht am Wegesrand zwischen den Buchten Dahlet Qorrot (Picknick 26b) und San Blas (Picknick 26c)*

24b GOZO: DWEJRA BAY (Karte S. 116-117 Fotos S. 26, 115) ○
Nur mit dem Auto: 5-10 Min. zu Fuß
🚗 In Dwejra parken und die Beschreibung Seite 118 benutzen.
Man erkunde die Felsformationen und das ›Binnenmeer‹ — und trage festes Schuhwerk! Eine wunderbare Küstenlandschaft, wenig Schatten.

25 GOZO: MGARR IX-XINI (Karte Seite 120-121) ○
Nur mit dem Auto: 2 Min. zu Fuß
🚗 Begrenzter Parkplatz an der Nebenstraße von Sannat und Xewkija, auf der südwestlichen Talseite.
Fjordähnlicher Küsteneinschnitt; Bootshäuser; sehr geschützt.

26a GOZO: HONDOQ IR-RUMMIEN (Karte Seite 124-125) ○
Nur mit dem Auto: bis 5 Min. zu Fuß
🚗 In Hondoq ir-Rummien (südöstlich von Qala) parken.
Eine versteckte kleine Bucht mit Blick auf Comino.

26b GOZO: DAHLET QORROT (Karte Seite 124-125) ○
Nur mit dem Auto: bis 5 Min. zu Fuß
🚗 In Dahlet Qorrot (nordöstlich von Nadur) parken.
In der Nähe der Bootshäuser läßt es sich angenehm picknicken. Kein Schatten.

26c GOZO: SAN BLAS BAY (Karte Seite 124-125) ○
Nur mit dem Auto: 15-20 Min. zu Fuß
🚗 Am nördlichen Ortsrand von Nadur parken; nicht den steilen, schmalen Weg hinunterfahren, da man nur sehr schwer wenden kann.
Herrlich abgeschieden; ideal zum Baden. Bei den Bootshäusern Schatten.

26d GOZO: IR-RAMLA (Karte Seite 124-125, Foto Seite 33) ○
Nur mit dem Auto: bis 5 Min. zu Fuß 🚗 In Ir-Ramla parken.
Guter Sandstrand; historische Stätten in der Nähe. Wenig Schatten. Bei Wind nicht zu empfehlen.

27 COMINO: BLAUE LAGUNE (Karte Seite 129, Foto Seite 9) ○
Bis 5 Min. zu Fuß ⛴ Siehe Hinweise Seite 128.
Auf den Felsen picknicken. Sehr gute Bademöglichkeit; kein Schatten.

Autotouren

Leihwagen sind auf Malta sehr preiswert und beim Erkunden der Inseln außerordentlich hilfreich. Falls man im Norden oder Südosten Maltas wohnt, spart man mit einem eigenen Auto gegenüber den öffentlichen Bussen viel Zeit. **Auf Malta herrscht Linksverkehr.** An heißen Tagen kann das Autofahren sehr ermüdend sein.

Die Hauptstraßen, vor allem in Valletta und in anderen Stadtgebieten, sind stark befahren und in verhältnismäßig gutem Zustand. Man muß allerdings mit achtlos geparkten Autos, Baumaterial am Straßenrand, Schlaglöchern und schlechter Beschilderung rechnen und fahre daher besonders wachsam.

Nebenstraßen können sehr unterschiedlich sein. Einige sind sie sehr gut befahrbar, doch die meisten schlängeln sich zwischen Steinmauern durch die Landschaft und sind ziemlich unübersichtlich. Diese Straßen werden nur unregelmäßig gewartet, und der Straßenbelag läßt einiges zu wünschen übrig. Die Beschilderung hat sich in einigen Gegenden Maltas und Gozos sehr gebessert, während sie in den abgelegeneren Gebieten der Inseln weiterhin unzuverlässig ist oder gänzlich fehlt; *nur allzu leicht verfährt man sich.* Es empfiehlt sich, wo möglich auf den Hauptstraßen zu bleiben.*

Die Tourenbeschreibungen sind knapp gehalten; sie schließen kaum Historisches oder sonstige bei den Fremdenverkehrsämtern leicht erhältliche Informationen ein. Im Vordergrund stehen vielmehr praktische Fahrthinweise: Fahrzeiten und Entfernungen, Straßenzustand, die schönsten Aussichtspunkte und klare Wegangaben (wo die Beschilderung unzureichend ist). Insbesondere wird auf **Wander-** und **Picknickmöglichkeiten** hingewiesen. Das Symbol *P* macht auf Picknickplätze aufmerksam; siehe Seite 9 bis 14. Wenngleich ein Teil der Picknickausflüge und Kurzwanderungen während einer Autotour schlecht unternommen werden kann, sieht man vielleicht eine Gegend, die man an anderntags in Muße erkunden möchte.

Die ausfaltbare Straßenkarte ist dazu gedacht, ausgeklappt neben die Tourenbeschreibung gehalten zu werden; sie enthält alle nötigen Informationen, die man außerhalb der Städte braucht. **Stadtpläne** sind im vorliegenden Buch abgedruckt für Valletta (Seite 38), Die Drei Städte (Seite 40), Rabat/Mdine (Seite

---

*Auf der Straßenkarte sind alle Straßen eingezeichnet, die problemlos befahrbar sind. Während der Fahrt lohnt ein gelegentlicher Blick auf die sehr detaillierten *Wanderkarten*. Bei vielen Straßen, die auf diesen Karten mit einer *gestrichelten roten Linie* eingetragen sind, handelt es sich jedoch lediglich um bessere Wege, die im Zweiten Weltkrieg angelegt und seither kaum gewartet wurden.

16 Landschaften auf Malta, Gozo und Comino

44) und Victoria auf Gozo (mit der Gozo-Autokarte vor der hinteren Umschlagseite).

Beide Autotouren auf Malta haben ihren Ausgangs- und Endpunkt in dem Hauptferiengebiet Sliema; auf Gozo beginnt die Tour am Fährhafen Mgarr. Man kann alle Touren jedoch auch problemlos an anderer Stelle beginnen.

Die in der Tourenbeschreibung benutzten **Symbole** entsprechen denen der Straßenkarte; siehe deren Legende.

Einige wichtige Hinweise

- Man versichere sich vor Fahrtantritt, daß man einen Wagenheber und einen Ersatzreifen mit sich führt (**Reifenpannen** kommen häufig vor).
- Das **Tempolimit** beträgt innerorts 40 km/h (25 mph), sonst 65 km/h (40 mph).
- An **Verkehrskreiseln** hat der Kreisverkehr Vorfahrt. *Vorsicht:* Früher galt die umgekehrte Regelung.
- Bei einem **Unfall** darf das Auto keinesfalls vor Eintreffen der Polizei von der Unfallstelle entfernt werden, selbst wenn dadurch die Straße blockiert wird, da sonst der Versicherungsschutz erlischt.
- **Genügend Zeit für unterwegs einplanen:** Die angegebene Fahrzeit schließt lediglich kurze Aufenthalte an Aussichtspunkten ein.
- Die meisten Ortschaften verfügen über **Telefonzellen**. Es gibt recht zahlreiche öffentliche **Toiletten**; weitere finden sich in Bars.
- In Städten (insbesondere Valletta) ist das **Parken** nur auf den hierfür vorgesehenen Flächen gestattet.
- Die meisten **Tankstellen** sind sonn- und feiertags geschlossen. Inzwischen sind allerdings automatische Zapfsäulen weit verbreitet, wo man rund um die Uhr tanken kann.
- **Entfernungen** sind in *kumulierten Meilen* vom Ausgangspunkt angegeben (die Tachometer der Leihwagen zeigen Meilen und nicht Kilometer an).
- **Alle Autofahrer sollten die Hinweise zum Natur- und Landschaftsschutz auf Seite 34 lesen und sich ruhig durch die Insel bewegen.**

Hafen in St Julian's (Autotour 1)

AUTOTOUR 1 MALTA: VON DEN ZENTREN DES MASSENTOURISMUS IN DIE URSPRÜNGLICHE LANDSCHAFT

Sliema • Salina Bay • Mellieha • Cirkewwa • Golden Bay • Mgarr • Bingemma Gap • Rabat • Mdina • Mosta • Naxxar • San Gwann • Sliema

44 Meilen/70 km; ungefähr 2.30 Std. Fahrzeit

*Am Weg: Picknicks (mit **P** gekennzeichnet; siehe Seite 9-14): 4a, (4b, 4c, 5, 6a), 6b, (7a), 7b, (10a, 10b), 11a, (11b), 12, (13), 15; Wanderungen 3-15*

Eine gemütliche Tour über Asphaltstraßen unterschiedlicher Zustandes; herrliche Ausblicke und wunderschöne Küstenlandschaften. Die Straßen auf dem westlichen Kamm und an der Küste sind allgemein schmal und steil; beim Fahren ist besondere Vorsicht erforderlich.

Wichtiger Hinweis: In der Tourenbeschreibung sind die Entfernungen in Meilen angegeben; siehe ›Einige wichtige Hinweise‹, Seite 16.

Auf dieser Fahrt entdecken wir den Norden und Westen der Insel. Es erwarten uns zwei sehr unterschiedliche Küsten: Flach und felsig die eine, steil in senkrechten Klippen abbrechend die andere. Unterwegs gibt es zahlreiche Möglichkeiten für ein erfrischendes Bad im Meer, was man gerade im Sommer schätzen wird. Der letzte Abschnitt der Rundfahrt führt durch das Inselinnere. Wir lassen das tiefblaue Meer hinter uns und entdecken einsame Hügelketten und interessante historische Ortschaften. Gegen Ende des Tages läßt die untergehende Sonne Valletta und das Umland in sanften Goldtönen erglühen.

Wir verlassen Sliema in nordwestlicher Richtung auf der Küstenstraße nach **St Julian's** ★ (1,7 Meilen ⛰️✕🍽️). In diesem gehobenen Touristenzentrum stehen das Hilton-Hotel und das Casino. Wanderung 10 beginnt am Polizeirevier. Gleich oberhalb der Bucht biegen wir nach links ab (ausgeschildert nach St Andrew's), oben auf der Anhöhe dann nach rechts auf die Hauptstraße (ausgeschildert nach St Andrew's, St Paul's Bay, Mellieha). Wir befinden uns jetzt auf der breiten Küstenstraße, die uns in ruhigere Landstriche führt, doch *Vorsicht*: Sie gilt als die gefährlichste Straße Maltas.

Gleich hinter der ehemaligen St Andrew's-Kaserne und der White Rocks-Feriensiedlung führt eine Straße links nach

18 Landschaften auf Malta, Gozo und Comino

Gharghur hinauf (**P**10a, 10b). Wir fahren geradeaus weiter nach **Bahar ic-Caghaq**. Wanderung 10 endet in dieser Gegend, nachdem ihre Route zuvor unterhalb der Victoria Lines verlief. Wir fahren weiter zur Landspitze **Ghallis Point** mit Turm (6,5 Meilen ■), dem Gebiet von Wanderung 9. Diese sanft zum Meer abfallende Küstenlandschaft lädt zum Baden und Fischen ein; der ›Wasserpark‹ lohnt einen Besuch. Unser nächstes Ziel ist die **Salina Bay** mit ihren Salzpfannen. Am Horizont erscheinen die hoch aufragenden Neubauten von Bugibba. (Man kann einen Abstecher nach Bugibba, einem den spanischen ›costas‹ vergleichbaren Touristenzentrum, machen, indem man nach rechts abbiegt und sich dann wiederum rechts hält, um Qawra Point zu erreichen. Ab hier fährt man durch Bugibba, um in St Paul's Bay wieder auf die Straße zu gelangen.) Wir lassen die Umgehungsstraße unbeachtet und fahren durch **St Paul's Bay** (San Pawl il-Bahar; 9 Meilen ▲▲✕🅿), um den Lokalkolorit dieses Ortes zu genießen. Der kleine Hafen lohnt einen Besuch — ein Relikt des alten Malta, noch unberührt vom neuzeitlichen Tourismus. Wir fahren weiter durch **Xemxija**, wo Wanderung 7 und 8 enden. Links führt eine schmale Straße (ausgeschildert nach Mistra) unter der Hauptstraße hindurch und zur **Mistra Bay** hinab (11,5 Meilen 📷**P**7b). Die Straße schlängelt sich durch ein Landwirtschaftsgebiet zum Meer.

Wir kehren zur Hauptstraße zurück, die sich über einige Spitzkehren nach **Mellieha** (13,5 Meilen ✝✕🅿📷; Anfahrt zu **P**7a) hinabschlängelt. Die kleine Ortschaft hat eine gewisse Ausstrahlung; hier kann auch getankt werden. Die Hauptstraße verläuft am Hang entlang. Unmittelbar nach dem hübschen, rötlichen Kirchlein kommt ein guter Aussichtspunkt. Die Straße führt über eine scharfe Kurve nach **Ghadira** und zur **Mellieha Bay**★ (14,5 Meilen ▲▲✕**P**4a) hinab. Hier beginnen Wanderungen 4 und 6 und endet Wanderung 5. Die Bucht von Mellieha besitzt einen sehr beliebten Sandstrand mit Picknickmöglichkeit; links liegt das Naturschutzgebiet Ghadira.

Über weitere Spitzkehren fahren wir die nächste Anhöhe hinauf. Hier kann man verschiedene Abstecher machen (nicht in der Fahrzeit/Entfernung berücksichtigt): Nach links zum Red Tower (**P**5), nach rechts zur Armier Bay (**P**4c; Foto Seite 48) oder der Marienstatue am Ende des Marfa Ridge (🚌**P**4b). Um zur Armier Bay zu gelangen, nimmt man in der Nähe eines Heiligenschreins die dritte Linksabzweigung von der Marfa-Kammstraße. Die Hauptstraße führt weiter zum Fährhafen von Gozo in **Cirkewwa** (20 Meilen ▲▲), doch kann man zuvor die Paradise Bay besuchen, eine hübsche kleine Bucht. Dazu biegt man unmittelbar vor dem Hotel Paradise links ab.

Von Cirkewwa fahren wir auf demselben Weg zum Kreisel in Ghadira (22,5 Meilen) zurück, unmittelbar unterhalb des Mellieha Ridge gelegen. Um die Gegend aus einer anderen Perspektive kennenzulernen, nehmen wir diesmal die Umgehungsstraße. Kurz unterhalb der Anhöhe erreichen wir den Ortsrand von Mellieha und biegen am Kreisel nach rechts (ausgeschildert nach Ghajn Tuffieha). Dieses Sträßchen schlängelt sich über Hügelketten und durch Täler (am Weg zum Ghajn Snuber Tower vorbei; ⬛*P*6a) zum Bauerndorf **Manikata** (25 Meilen). Dann führt es zum halbkreisförmigen Sandstrand der **Golden Bay★** (⬛✕*P*6b) hinab, wo Wanderungen 6 und 11 enden.

Wir fahren von der Golden Bay nach rechts zur nächsten Bucht (Ghajn Tuffieha) weiter, folgen dann einer Querstraße nach links und biegen schließlich wiederum nach rechts auf die Ta' Saliba/Zebbieh-Straße ab. In Ta' Saliba biegen wir nach rechts nach **Mgarr** (28 Meilen ✝✕) mit ihrer auffälligen Kuppelkirche (Foto Seite 20) ab. Im Zentrum von Mgarr biegen wir nach rechts und fahren zur **Gnejna Bay** (29,5 Meilen; *P*12) mit ihren bunten Bootshäusern und merkwürdigen Felsformationen hinab. Wanderung 12 endet in dieser herrlichen Umgebung.

Von der Bucht kehren wir nach Mgarr zurück. Nach etwa einer Meile bergauf fahren wir an der Linksabzweigung vorbei, die zum Lippija Tower (*P*11b) führt; dies ist eines der Gebiete von Wanderung 11. Wir fahren geradeaus durch Mgarr und biegen unmittelbar nach dem Ortsrand rechts auf eine schmale Straße ab. Auf dieser steilen, engen Straße queren wir die beeindruckenden Dwejra Lines (Verteidigungswälle) am **Bingemma Gap** (33 Meilen 📷), dem Ausgangspunkt von Wanderung 11; die Route von Wanderung 13 liegt ganz in der Nähe. Die herrlichen Ausblicke von der kleinen Kapelle (*P*11a; Foto auf Seite 69) lohnen eine Unterbrechung. Die weitere Fahrt führt bergab und am Rand der Chadwick Lakes (Wanderung 13) vorbei in Richtung Rabat.

Vom **Busugrilla-Kreisel*** gegenüber dem Wohngebiet Nigred (Ausgangspunkt von Wanderung 12 und 14) führt die Haupttour in das historische **Mdina★** (35,5 Meilen ✝M⬛✕ 📷). Die ›schweigsame Stadt‹ Mdina mit ihren prächtigen Gebäuden ist eine der schönsten Ortschaften Maltas. Auf Wanderung 3 schlendert man durch Mdina und den Vorort **Rabat** (✝✕✉), wo es Katakomben und weitere eindrucksvolle Bauwerke gibt. Wanderung 15 beginnt in Tal-Virtu im Südostzipfel von Rabat (*P*15).

Wir verlassen Mdina, fahren bergab und folgen der Ausschilderung nach **Mosta★** (38 Meilen ✝✕✉⊕), dem Ausgangspunkt von Wanderung 13. Aufgrund der riesigen Kuppel (der viertgrößten der Welt) seiner Pfarrkirche ist Mosta schon aus der Ferne leicht auszumachen. Kurzwanderung 8 und Wanderung 13 enden am Targa Gap am Rande der Ortschaft. Von den öffentlichen Gärten bietet sich ein schöner Ausblick auf die St Paul's Bay (*P*13).

*Ein Abstecher von diesem Kreisel zur abgelegenen Westküste ist sehr empfehlenswert (8 Meilen hin und zurück); dazu folgt man der Ausschilderung zur Fiddien Bridge. Die Straße verläuft anfänglich parallel zum wied und führt schließlich über eine Reihe von Spitzkehren zum Fuße steil aufragender Klippen hinunter — eine großartige Szenerie.

20 Landschaften auf Malta, Gozo und Comino

Ab der Pfarrkirche folgen wir der Ausschilderung Richtung St Paul's Bay bis zu einem Kreisel am Ortsrand von Mosta. An diesem wie auch dem nächsten Kreisel folgen wir der Ausschilderung ›Naxxar‹, mit schönen Ausblicke über die Salina Plain. Schließlich (40 Meilen) biegen wir rechts nach **Naxxar** ab und passieren die Residenz des britischen High Commissioner. Nach einer Meile biegen wir an einem Kreisel nach links (ausgeschildert ›San Gwann/Sliema‹). Die Fahrt durch diese Stadtregion ist schauderhaft, doch mit Hilfe dieser Wegbeschreibung sollte man sich einigermaßen zurechtfinden können. Am Ortsrand von **San Gwann** (42 Meilen), einer maltesischen Trabantenstadt, biegen wir rechts nach Gzira/Msida; die Straße, die geradeaus nach Sliema ausgeschildert ist, lassen wir unbeachtet. (Über diese Straße *könnte* man ebenfalls zurückfahren, doch ist sie verwirrend.) Auf der Weiterfahrt folgen wir der Ausschilderung ›Msida/Gzira‹, bis wir in dem eleganten Kappara-Viertel auf einen Kreisel an der Sliema-Landstraße stoßen. Wir fahren geradeaus weiter, erreichen die Uferpromenade in Gzira und kommen dann nach Sliema (44 Meilen).

Kuppelkirche in Mgarr

AUTOTOUR 2 MALTA: ALTERTÜMER, FISCHERDÖRFER UND GÄRTEN

Sliema • Hypogäum • Marsascala • Marsaxlokk • Wied iz-Zurrieq • Hagar Qim • Ghar Lapsi • Buskett Gardens • San Anton Gardens • Sliema

46 Meilen/74 km; etwa 2.30 Std. Fahrzeit

Am Weg: Picknicks (mit **P** gekennzeichnet; siehe Seite 9-14): 16, 17a, 17b; Wanderungen 14, 16-22. (Picknicks 21a, 21b and 22 liegen nicht weit abseits der Route.)

Eine umfassende Tour auf verhältnismäßig guten Straßen; die Landschaft ist abwechslungsreich und interessant.

Wichtiger Hinweis: In der Tourenbeschreibung sind die Entfernungen in Meilen angegeben; siehe ›Einige wichtige Hinweise‹, Seite 16.

Diese Fahrt führt in die auf Autotour 1 nicht besuchten Gegenden Maltas. Hübsche Fischerdörfer, faszinierende antike Stätten, üppige Gärten und das irisierende Wasser der Blauen Grotte sind Höhepunkte eines Ausflugs, den man nicht so schnell vergessen wird.

Von Sliema fahren wir südwärts dicht an kleinen Buchten entlang nach **Pietà** (2,5 Meilen). Hier liegt meist eine der Gozo-Frachtfähren vor Anker. Wir unterqueren zunächst die Floriana/-Marsa-Straße und fahren dann bergauf, um auf sie einzumünden. Wir folgen der Ausschilderung nach Marsa, bei Annäherung an ein Industriegebiet dann der Ausschilderung nach Paola (⊕). Wir umfahren die Werft im Arbeiterviertel Maltas.

Das **Hypogäum** (5 Meilen ⛪), ein riesiger unterirdischer Höhlentempel (ausgeschildert), lohnt unbedingt einen Besuch. Nicht minder lohnend sind die nur etwa eine halbe Meile vom Hypogäum entfernten Tempel aus der Jungsteinzeit. Die Weiterfahrt folgt der Ausschilderung nach Fgura und Zabbar; eine Moschee bestätigt, daß wir uns auf der richtigen Straße befinden. Es ist nahezu unmöglich, die Route durch die Stadtregion konkret zu beschreiben; man orientiere sich daher an den Straßenschildern. Im Zweifelsfall kann man die Verkehrskreisel mehrmals umfahren, bis man die richtige Ausfahrt gefunden hat...

Wir passieren den Hompesch Arch (7,2 Meilen) und biegen am Ortsrand von Zabbar rechts in das malerische, ursprüngliche Fischerdorf Marsascala (ausgeschildert) ab. **Marsascala★** (9,5 Meilen ✝⛰✕⛽) ist der ideale Ort, um sich von den Strapazen des Straßenverkehrs zu erholen. Umgeben von pastellfarbenen Häusern und bunten *luzzu*-Booten können wir eine Picknickpause einlegen. Wanderung 21 nimmt hier ihren Ausgang; Wanderung 22 beginnt und endet hier. Der schlimmste Verkehr ist nun überstanden; die Straßen sind ab jetzt nurmehr schwach befahren.

Wir verlassen Marsascala, indem wir den Straßenschildern Richtung St Thomas Bay folgen, die neben einigen alten Fischteichen stehen. Vor der Einfahrt nach St Thomas biegen wir rechts nach **Zejtun** (12 Meilen ✝) ab, einer typisch

Die Kirche von Siggiewi (links) und Marsascala (rechts) mit dem auffälligen Turm der Pfarrkirche, die sich am Hafen erhebt.

maltesischen, noch sehr ursprünglichen Ortschaft. Das reich verzierte Innere der eindrucksvollen Kirche (spätes 17. Jh.) ist sehenswert. Die Ortsdurchfahrt ist nicht unkompliziert: Nach Passieren der Bushaltestelle am östlichen Ortsrand halten wir uns an der ersten Kirche rechts, umfahren die Hauptkirche im Zentrum und folgen dann der Ausschilderung nach Tarxien, um Zejtun im Westen zu verlassen. Schließlich stoßen wir auf die Hauptstraße Tarxien/Birzebbuga und folgen ihr nach links Richtung Birzebbuga. Eine Linksabzweigung führt uns nach **Marsaxlokk★** (15 Meilen 🏛✖🅿). Dieser reizende Ort ist auf dem Umschlag und Seite 103 abgebildet. Inmitten von Marktständen, die bunte Pullover, Honig und Nougat anbieten, liegen Fischernetze ausgebreitet am Kai. Wanderung 20 und 21 nehmen hier ihren Ausgang.

Wir verlassen Marsaxlokk auf der Küstenstraße zur St George's Bay und passieren unterwegs die Ferretti Battery. Bei Erreichen der Hauptstraße können wir nach rechts einen Abstecher (eine halbe Meile hin und zurück) zur archäologischen Stätte und dem Museum **Ghar Dalam** (🏛) machen oder aber geradeaus zur befestigten bronzezeitlichen Siedlung **Borg in-Nadur★** (17 Meilen 🏛) weiterfahren. Beide Stätten werden auf Wanderung 20 besucht.

Auf der Küstenstraße gelangen wir über **Birzebugga** zur **Pretty Bay**. Diese einst reizende Bucht ist heute mit Industrieanlagen verbaut. Wir fahren Richtung Kalafrana weiter, folgen dann (18,7 Meilen) jedoch der Hauptstraße nach rechts zum alten Flugplatz Hal Far. Er ist nicht mehr in Betrieb, doch der Tower steht noch. Die Malteser kommen hierher, um auf der Landebahn Autorennen und Picknicks zu veranstalten. Unmittelbar hinter dem Flugplatz biegen wir links nach Zurrieq ab. Nun müssen wir wieder genau auf die Route achten: Am Ortsrand (etwa 22,5 Meilen) biegen wir gegenüber der Kirche St Agata links ins Zentrum von **Zurrieq** ab. Nach etwa einer halben Meile erreichen wir die Hauptkirche dieser ziemlich großen Ortschaft (23 Meilen 🏛🅿). Wir fahren geradeaus weiter (dabei umfahren wir die Kirche) zur Umgehungsstraße.

Wir folgen der Umgehungsstraße nach links Richtung Wied iz-Zurrieq/Blue Grotto (ausgeschildert). Während wir nach **Wied iz-Zurrieq★** (25 Meilen ✖📷*P*17b) hinabfahren, genie-

ßen wir großartige Ausblicke. In der kleinen Bucht, wo Wanderung 17 endet, kann man gut baden und picknicken.

Wir kehren auf demselben Weg bergauf zurück und biegen nach etwa einer halben Meile links nach Hagar Qim und Ghar Lapsi ab. Die vorgeschichtlichen Tempel von **Hagar Qim** (🏛) sind berühmt für ihre herrliche Lage am Meer, von wo der Blick auf die vorgelagerte Insel Filfa (einem Naturschutzgebiet) fällt. Die Straße führt nach Westen zu einem Kreisel. Hier biegen wir nach links zu dem malerischen Weiler **Ghar Lapsi** (29 Meilen ✕☞*P*17a), geschützt unter den Klippen in einer Bucht gelegen. Dieses Plätzchen ist zum Picknicken und Baden ideal; es wird auf Wanderung 17 besucht.

Wir fahren zum Kreisel zurück und diesmal geradeaus weiter, der Ausschilderung zum Ortsrand von **Siggiewi** (⛪🍴; Wanderung 18 und 19) folgend. Wir umfahren die Stadt links, der Ausschilderung nach Rabat folgend, und biegen an einer Kreuzung (wo eine schlecht asphaltierte Straße von Zebbug rechts einmündet) links ab. Diese schlecht asphaltierte Straße führt im Girgenti-Tal hinauf und kreuzt zweimal die Route von Wanderung 16. Wir erreichen die eindrucksvollen Felswände von Dingli (siehe Wanderung 14 und Foto Seite 84). Nach dem Armeeposten biegen wir rechts nach **Dingli** (36 Meilen ⛪✕) ab. Die markante Silberkuppel der Kirche ist weithin sichtbar.

Im Ortszentrum führt rechts eine ausgeschilderte Straße zum **Verdala Palace** (37,2 Meilen ▪✕; Foto Seite 92) und zu den **Buskett Gardens** (*P*16; Wanderung 16). Der Palast, einst Sommersitz des Großmeisters, dient heute als Gästehaus der Regierung und ist nicht öffentlich zugänglich; die Gartenanlage hingegen ist täglich geöffnet.

Vom Verdala Palace fahren wir Richtung Rabat, biegen jedoch in der Nähe von Mdina nach Osten (Ausschilderung nach Attard und Valletta). Das **Ta' Qali Handarbeitszentrum** und der **Nationalpark**★ (links ausgeschildert) können werktags besucht werden. Dann biegen wir links ab (42 Meilen; ausgeschildert nach Balzan/San Anton), um den **San Anton Gardens** und der eindrucksvollen Residenz des Präsidenten einen Besuch abzustatten. Im Schatten subtropischer Pflanzen können wir hier eine Pause einlegen. Nach dieser Pause fahren wir über **Birkirkara** und **Msida** nach Sliema zurück (46 Meilen).

AUTOTOUR 3 GOZO: DIE PERLE DES ARCHIPELS

Mgarr • Ir-Ramla • Marsalforn • Victoria • Dwejra Bay • Xlendi • Mgarr

25 Meilen/40 km; etwa 1.45 Std. Fahrzeit

Am Weg: Picknicks (mit **P** gekennzeichnet; siehe Seite 9-14): 24a, 24b, 26d; Walks 23-26. (Picknicks 23, 25 and 26a-c liegen nicht weit vor der Route entfernt.)

Diese kurze, leichte Rundfahrt über annehmbare Straßen führt uns zu den meisten Sehenswürdigkeiten von Gozo.

Wichtiger Hinweis: In der Tourenbeschreibung sind die Entfernungen in Meilen angegeben; siehe ›Einige wichtige Hinweise‹, Seite 16.

Einen Besuch dieser üppig-grünen und etwas verschlafenen Insel sollte man nicht versäumen. Abgeflachte Hügel, die sich über sanft abfallenden, terrassierten Hängen erheben, kennzeichnen die Landschaft. Überall fällt das leuchtende Gold einer Kirche ins Auge. Auf Gozo kann man sich nicht verfahren, denn alle Straßen führen in die Hauptstadt Victoria (auch Rabat genannt).

Ausgangs- und Endpunkt der Tour ist Mgarr, da die meisten Tagesbesucher hier mit der Fähre von Malta anlegen (auch Wanderungen 25 und 26 beginnen hier). Nach Ankunft im hübschen Hafen von **Mgarr** (✕🍽) sollte man erst einmal warten, bis sich Menschenmenge zerstreut und der Verkehr nachgelassen hat. In einer der malerischen Uferbars kann man zunächst mit Blick auf das geschäftige Treiben eine Tasse Kaffee genießen, bis wieder Ruhe und Frieden in den kleinen Hafen einkehrt.

Wir verlassen Mgarr, indem wir die Hauptstraße hinauffahren und dann rechts über die Schlucht Richtung Qala und Nadur biegen. Knapp eine halbe Meile nach dem Hafen biegen wir rechts auf die Zewwieqa-Straße. Am Ortsrand von **Qala** (1 Meile) liegt ein guter Aussichtspunkt (📷; Bänke) mit Blick auf Comino und den Norden Maltas. Am Ende der Straße biegen wir nach links in Richtung Ortszentrum. An der Hauptstraße halten wir uns rechts und biegen an der Kirche links Richtung Nadur. (Man kann sich auch an der Kirche *rechts* halten, um einen kurzen Abstecher zu einer großen, auffälligen Windmühle in einem östlichen Vorort zu machen.) Wir fahren stetig bergauf und biegen an der höchsten Stelle der Straße nach links, um den Ortsrand von **Nadur** zu erreichen. Auf 150 m Meereshöhe nimmt der Ort eine beherrschende Lage ein. Mit einer großen Kirche und einem schattigen, von einigen Läden und Bars umgebenen Hauptplatz ist Nadur eine ländliche Ortschaft, wie sie für Gozo typisch ist.

Von Nadur folgen wir der Ausschilderung nach **Ir-Ramla**★ (4,7 Meilen ⛺**P**26d; Foto Seite 33). Wanderung 26 führt zu diesem großen, goldenen Sandstrand. Wir fahren eine Viertelmeile auf demselben Weg von der Bucht zurück und biegen dann rechts auf eine Nebenstraße ab. Zunächst verläuft sie entlang eines Wasserlaufs, doch dann schwenkt sie ab, um

Das Hafen von Mgarr; die Autotour sowie Wanderungen 25 und 26 beginnen hier.

zur verstreuten Häuseransammlung des Bergdorfs **Xaghra** (6,5 Meilen ▲▲✕✝📷) anzusteigen.

An der Querstraße biegen wir nach rechts (bzw. links, falls man die eindrucksvollen vorgeschichtlichen Tempel von Gganija (✿) besichtigen möchte; die eingezäunte Stätte kommt nach einigen Fahrminuten) und fahren mehr oder weniger geradeaus durch Xaghra nach **Marsalforn** (8,2 Meilen ▲▲✕🍽📷). Das einstige Fischerdorf ist heute ein beliebter Ferienort. Das Einbahnstraßensystem ist etwas verwirrend; wir folgen der Hauptstraße durch das Tal hinauf nach **Victoria** (▲▲✕🍽✝⊕📷M). Die Hauptstadt Gozos lohnt eine Besichtigung. Rundwanderungen 23 und 24 gehen von Victoria aus; Wanderung 25 endet hier.

An der Ampel in Victoria (10,5 Meilen) biegen wir nach rechts, fahren an der Zitadelle (rechts oben gelegen) vorbei und folgen der Ausschilderung nach San Lawrenz und Dwejra. Dann (12 Meilen) können wir einen Abstecher von knapp 2 Meilen zur merkwürdigen Wallfahrtskirche Ta' Pinu (✝) machen: Hierzu nehmen wir rechts die Straße Richtung Ghammar. Die riesige, einsam gelegene Kirche ist nicht zu übersehen. Dieser Abstecher erlaubt auch einen Besuch der reizenden kleinen Ortschaft Gharb (Wanderung 23) mit ihrer hübschen Kirche und dem zeitlosen Dorfplatz. Nach der Rückkehr zur Hauptstraße fahren wir rechts nach San Lawrenz weiter.

In **San Lawrenz** führt die Linksgabelung zur **Dwejra Bay** (*P*24b) und dem **Binnenmeer**★ (14 Meilen 📷). Die Fahrt hinab zum abgelegensten Winkel Gozos führt durch eine öde, aber eindrucksvolle Landschaft. Hier entdecken wir das auf Seite 115 abgebildete Felsentor, großartige steil aufragende Klippen, den

26   Landschaften auf Malta, Gozo und Comino

Pilzfelsen (Foto Seite 26) und ein Wasserbecken, das zur Schwimmen und Picknicken einlädt. Wanderung 24 führt i diese Gegend.

Wir kehren auf demselben Weg nach Victoria zurück. Be Erreichen des Stadtrandes (unmittelbar nachdem linkerhand de isolierte Hügel Gelmus aufragt) biegen wir rechts ab (ausge schildert Kercem/Santa Lucija) und folgen den Wegweisern nac Xlendi; dabei passieren wir das Waschhaus der Johanniter★. Di Straße schlängelt sich durch eine enge Schlucht zu dem kleine Fischerdorf **Xlendi**★ (19,5 Meilen 🏔️✕📷***P***24a) hinab. M seinen pastellfarbenen Häusern, die geschützt am Ende de langen, schmalen Bucht stehen, ist dies einer der malerischste Orte auf den Maltesischen Inseln — ideal zum Picknicken un Schwimmen (Wanderung 24 führt durch das Dorf).

Es geht wieder nach Victoria zurück, dem Ausgangspunk aller Straßen. Diesmal biegen wir am St Francis-Platz nacl rechts zum Fährhafen in Mgarr ab. Auffälligste Sehenswürdig keit auf der Rückfahrt ist die große Kuppelkirche von Xewkija An der Kirche biegen wir nach rechts auf die Triq Lourdes ab um nochmals einen schönen Blick auf den Hafen zu genießen bevor wir schließlich zur Hafenmole in Mgarr hinabfahren (25 Meilen).

Der Pilzfelsen bildet den stehengebliebenen Rest der Felswand, die einst die Dwejra-Bucht umschloß (Picknick 24b).

Wanderungen

Im Vergleich zu anderen Mittelmeerinseln erscheinen die Maltesischen Inseln recht klein. Ein Blick auf die Karte läßt außerdem vermuten, daß Malta dicht besiedelt ist. Tatsächlich ist die Landschaft erstaunlich abwechslungsreich, und es gibt viele versteckte Winkel. Auf Gozo hat das Leben eine langsamere Gangart. Diese fruchtbare Insellandschaft mit ihren flachen Hügeln, die häufig von Dörfern gekrönt sind, ist ein Paradies für Wanderer. Die Meeresklippen auf Malta und Gozo sind atemberaubend schön. Das winzige Comino bietet friedvolle Ruhe und wunderbare Ausblicke.

Das Konzept der ›Landschaften‹-Reihe basiert auf Tagesausflügen, die vom Urlaubsquartier aus unternommen werden können. In diesem Band werden Tagesausflüge beschrieben, bei denen die Anfahrt mit öffentlichen Verkehrsmitteln erfolgen kann. Die Wanderungen bieten einen ausgezeichneten Überblick über alle Landschaften der drei Inseln. Man könnte weitaus mehr Wanderungen unternehmen, doch sind diese Routen oft nicht mit öffentlichen Verkehrsmitteln erreichbar. Mit einem Leihwagen kann man anhand der Karten eigene Wanderungen zusammenstellen. *In diesem Buch sind Wanderungen aller Schwierigkeitsgrade beschrieben.*

Anfänger sollten mit den als ›leicht‹ beschriebenen Wanderungen beginnen. Man prüfe auch die Kurzwanderungen und Varianten — einige davon stellen leichte Versionen der längeren Wanderungen dar. Die Picknickvorschläge (Seite 9-14) bieten eine große Auswahl gemütlicher Spaziergänge, viele davon über ebenes Gelände. Die Stadtspaziergänge sind ziemlich kurz und verlaufen außer einigen Treppen (Wanderung 1 und 2) ebenerdig. Ansonsten sind die Wanderungen 4, 9, 19 und 22 besonders empfehlenswert.

Erfahrene Wanderer, die an schwieriges Gelände gewöhnt sind und sich fit fühlen, sollten in der Lage sein, alle Wanderungen dieses Buches zu unternehmen. Ein paar Wanderungen erfordern jedoch Schwindelfreiheit. Man berücksichtige auch die Jahreszeit und das Wetter und unternehme anstrengende Wanderungen nicht im Hochsommer. Starke Regenfälle können jede beschriebene Wanderung gefährlich machen. Falls man eine markante Stelle nicht innerhalb angemessener Zeit erreicht, sollte man zur letzten sicheren Stelle zurückkehren und nochmals den Weg suchen.

Wanderprofis werden angesichts der Geländeverhältnisse auf den Maltesischen Inseln nur wenige Wanderungen finden, die für sie eine ernsthafte Herausforderung darstellen. Man entspanne sich daher und genieße die schöne Umgebung und die faszinierende Geschichte.

Wegmarkierungen und Karten

Auf den Maltesischen Inseln sind markierte Wanderrouten unbekannt. In landwirtschaftlich intensiv genutzten Gebieten gibt es zahlreiche Wege und Pfade, aber viele davon verlaufen sich in den Feldern.

Die beschriebenen Wanderrouten wurden in die neuesten **Karten** (Maßstab 1:25.000) eingedruckt, die von der Planning Authority in Floriana herausgegeben werden. Diese Serie besteht aus drei Kartenblättern (West-Malta, Ost-Malta, Gozo und Comino), die alle 1984 veröffentlicht wurden. Sie sind in Malta erhältlich oder können vor Reiseantritt über den Buchhandel bestellt werden. Man beachte jedoch, daß diese Karten nicht alle Pfade und Wege enthalten, und daß sich seit ihrem Erscheinen das Straßennetz stark verändert hat. *Wichtiger Hinweis:* Nur die Straßen, die mit einer fett durchgezogenen roten Linie dargestellt sind, werden regelmäßig gewartet. Alle anderen Unterscheidungen in der Kartendarstellung zwischen Straßen und Wegen sollten *unbeachtet* bleiben: Straßen, die mit einer gestrichelten roten Linie dargestellt sind, können genauso aussehen wie Routen, die als Nebenstraßen oder Karrenwege erscheinen.

Vorsichtsmaßnahmen für Wanderer

Folgende Hinweise sollte man beherzigen:
- **Niemals allein wandern**. Vier Teilnehmer bilden die ideale Wandergruppe: Falls jemand verletzt ist, können zwei Personen Hilfe holen, und man wird im Notfall nicht in Panik verfallen.
- **Man überschätze nicht seine Kräfte**: Der Langsamste der Gruppe bestimmt das Tempo.
- **Falls eine Wanderung unsicher wird**, sollte man sicherheitshalber umkehren.
- Die **Verkehrsverbindungen** am Ende der Wanderung sind sehr wichtig.
- **Geeignetes Schuhwerk** oder Wanderstiefel sind unumgänglich.
- Man sollte stets einen **Sonnenhut** mitnehmen und im Sommer darauf achten, daß Arme und Beine bedeckt sind.
- **Warme Kleidung** braucht man auf den Bergen und an der Küste, besonders bei Wind sowie nach Sonnenuntergang. Selbst im Sommer sollte man sie mitnehmen für den Fall, daß man sich verspätet.
- **Verpflegung und Wasser** sollten insbesondere auf längere Wanderungen mitgenommen werden.
- **Kompaß, Taschenlampe, Trillerpfeife und Erste-Hilfe-Ausrüstung** wiegen wenig, können jedoch lebensrettend sein.
- Ein **Wanderstock** kann in unebenem Gelände hilfreich sein und wehrt auch die gelegentlich aggressiven Hunde ab.
- Man lese auch den **Wichtigen Hinweis** auf Seite 2, die **Hinweise zum Natur- und Landschaftsschutz** auf Seite 34 sowie

die einleitenden Planungshinweise (hinsichtlich Schwierigkeitsgrad und Ausrüstung) zu Beginn der entsprechenden Wanderung.

Ausrüstung

Falls man dieses Buch erst vor Ort erwirbt und keine spezielle Ausrüstung wie einen Rucksack dabei hat, kann man dennoch viele leichtere Wanderungen unternehmen — oder aber die Grundausrüstung in einem Sportgeschäft kaufen. Man unternehme die längeren oder schwierigeren Wanderungen nicht ohne angemessene Ausrüstung. Für jede beschriebene Wanderung ist die *Mindestausrüstung* aufgeführt. Man passe die Ausrüstung der Jahreszeit an: Beispielsweise braucht man im Sommer ein langärmeliges Hemd und lange Hosen sowie einen Sonnenhut, um einen Sonnenbrand zu vermeiden. An kühleren Tagen sollte man einen Pullover und Regenschutz mitnehmen. Unerläßlich sind Schuhe mit Profilsohle oder Wanderstiefel, die guten Knöchelschutz bieten. Vernünftiges Schuhwerk ist auf den oftmals steinigen und staubigen Wegen sehr wichtig.

Man bedenke, daß wir nicht *jede* Wanderung dieses Buches unter *allen* Wetterbedingungen unternommen haben. Nicht immer kann man sich vorstellen, wie heiß oder naß eine Wanderung zu bestimmten Jahreszeiten sein kann. Man lasse sich durch eine kühle Brise nicht täuschen und schütze sich stets vor Sonnenbrand und Hitzschlag.

Folgende Checkliste könnte nützlich sein:

- Feste Schuhe oder Wanderstiefel (bequem und eingelaufen)
- Langärmeliges Hemd (Sonnenschutz)
- Taschenlampe (z.B. zur Besichtigung des dämmrigen Innenraums einer Kapelle)
- Sonnenhut
- Messer und Öffner
- Trillerpfeife, Kompaß
- Sonnenschutzcreme
- Extra Schnürsenkel und Socken
- Plastikteller, -tassen
- aktuelle Bus- und Fährefahrpläne (s.S. 8)
- Wasserfeste Kleidung (außerhalb der Sommermonate)
- Erste-Hilfe-Ausrüstung (Bandagen, Pflaster etc.)
- Lange Hosen, an den Knöcheln eng anliegend
- ›Dog-Dazer‹ (siehe Seite 32)
- Kleiner/mittelgroßer Rucksack
- Leichte Jacke
- Schnur, Klammern, Sicherheitsnadeln
- Regenhut
- 2 leichte Strickjacken
- Plastik-sitzunterlage
- Telefonnummern der Taxifirmen

Selbstverständlich sollte die Ausrüstung der jeweiligen Wanderung und Jahreszeit entsprechend zusammengestellt werden.

Wetter

Das Klima ist typisch mediterran, heiß im Sommer und mild im Winter.

Niederschläge beschränken sich auf die Monate September bis März, und auch dann gibt es nur wenige Tage, an denen die Sonne nicht scheint.

30 Landschaften auf Malta, Gozo und Comino

Kräftige **Winde** sind ein Merkmal des Inselklimas. Im Sommer bringen sie etwas Kühlung und senken die hohen Temperaturen. Im Winter kann es bei stärkerem Wind recht kalt werden, vor allem wenn man eine Klippenwanderung unternimmt. Zu dieser Jahreszeit sollte man stets warme Kleidung mitnehmen, da es in exponierten Lagen empfindlich kühl werden kann.

März, April und Mai sind die **idealen Wandermonate**. Ein buntes Blütenmeer bedeckt die Landschaft, und die kühlen Nordwestwinde sorgen für eine hervorragende Fernsicht. Auch im Oktober und November läßt sich gut wandern.

Auf **Wanderungen im Winter** kann nach schweren Regenfällen das Durchqueren von normalerweise ausgetrockneten *wieds* (Tälern) zum Problem werden. Die Pfade auf den Klippen können rutschig und unter Umständen gefährlich sein.

DURCHSCHNITTLICHE TEMPERATUREN UND NIEDERSCHLAGSWERTE

Monat	Lufttemperatur Minimum °C	Maximum °C	Wassertemperatur °C	Sonnenschein dauer (Stunden)	Niederschlag in mm
Jan.	9,5	15,0	14,5	5,3	88,2
Feb.	9,4	15,4	14,5	6,3	61,4
März	10,2	16,7	14,5	7,3	44,0
April	11,8	18,7	16,1	8,3	27,5
Mai	14,9	23,0	18,4	10,0	9,7
Juni	18,6	27,4	21,1	11,2	3,4
Juli	21,0	30,2	24,5	12,1	0,9
Aug.	21,8	30,6	25,6	11,3	9,3
Sep.	20,2	27,7	25,0	8,9	44,4
Okt.	17,1	23,7	22,2	7,3	117,9
Nov.	13,8	19,9	19,5	6,3	75,5
Dez.	11,1	16,7	16,7	5,2	96,0

Fotografieren

In militärischen Gebieten ist das Fotografieren untersagt; auf den Wanderungen wird man jedoch lediglich auf vereinzelte Quartiere der Sondertruppen stoßen. In manchen Museen und Kirchen ist das Fotografieren ebenfalls nicht gestattet; im Zweifelsfall sollte man sich vorher erkundigen.

Unterkunft

Falls man in erster Linie einen Wanderurlaub auf Malta verbringen möchte, empfiehlt sich ein Urlaubsquartier im Norden der Insel, insbesondere in **Mellieha** oder **St Paul's Bay**. In dieser Gegend gibt es eine breite Auswahl von Wanderungen, die schon nach einer kurzen Busfahrt erreichbar sind, und auch zur Fähre nach Gozo ist es nicht weit. Im Norden Maltas gibt es mehrere große Hotels; in St Paul's Bay/Bugibba steht eine reiche Auswahl an Unterkünften zur Verfügung.

Der Nationale Touristikverband gibt ein Unterkunftsverzeichnis heraus, das Informationen über Luxushotels, Pensionen, Herbergen und Appartements enthält.

Interessante Wandermöglichkeiten bestehen in der Nähe der malerischen Ortschaft **Marsascala** an der Südostküste. Das Haupttouristenzentrum liegt zwischen **Sliema** und **St Julian's**. Zwar befindet man sich hier etwas abseits von einem Teil der Wanderrouten, doch gibt es ausgezeichnete Busverbindungen auf dieser kleinen Insel.

Auf **Gozo** läßt sich ein sehr entspannender Urlaub abseits der Hektik unserer Zeit verbringen. Es stehen ausgezeichnete Hotels und etwas einfachere Pensionen zur Verfügung. Das niedrige Hügelland, die intensiv landwirtschaftlich genutzten Täler und die kontrastreiche Landschaft eignen sich ganz besonders für erholsame Wanderungen. Gute Fährverbindungen ermöglichen Kurzbesuche des Nordens Maltas, und auch Comino ist in Reichweite.

Das ideale Kontrastprogramm bestünde darin, eine Woche in Sliema und die zweite Woche in einem der bezaubernden Dörfer auf Gozo zu verbringen. Auf diese Weise kann man einige der schönsten Landschaften Maltas erkunden und auf Gozo den kräftigen Wein genießen.

Aussprache des Maltesischen; Ortsnamen

Auf Malta verstehen so gut wie alle Einwohner Englisch, so daß Sprachkenntnisse des Maltesischen nicht nötig sind. Die richtige Aussprache der Ortsnamen ist jedoch hilfreich — insbesondere dann, wenn man nach der Richtung fragt oder einen Fahrschein löst. Die Einheimischen honorieren dieses Bemühen mit noch größerer Hilfsbereitschaft.

Maltesisches Alphabet und Aussprache

Ċċ	wie deutsches tsch (etwa in ›Deutsch‹): **Tsch**irkewwa (Ċirkewwa)
Ġġ	wie deutsches dsch (etwa in ›Dschungel‹)
GHgħ	ist meist stumm: **Ein**sielem (Għajnsielem)
Ħħ	wie starkes deutsches h (etwa in ›Hammer‹). Auf Maltesisch wird es sehr stark behaucht: Mellie**ħa** (Mellieħa).
j	wie deutsches j (etwa in ›Jäger‹)
q	ist stumm, wird in ländlichen Dialekten jedoch auch als k ausgesprochen
x	wie deutsches sch (etwa in ›Schule‹): **Sch**lendi (Xlendi)
z	wie deutsches s (etwa in ›Rose‹)
aeiou	Die Vokale werden wie im Deutschen ausgesprochen. Folgt ein Konsonant, so ist der Vokal lang, folgen zwei Konsonanten, ist er kurz. Die Unterscheidung zwischen offener und geschlossener Aussprache ist weniger wichtig.

32 Landschaften auf Malta, Gozo und Comino
Geographische Bezeichnungen

Aħrax zerklüftet, unwegsam	**Għar** Höhle
Baħar Meer, Bucht	**Ġnien** Obstgarten, Garten
Bir Brunnen	**Hal** Dorf
Blata Felsen	**Kbir** groß
Borġ Turm	**Marsa** Hafen, kleine Bucht
Ġebel Felshügel	**Misraħ** große Freifläche
Għajn Quelle	**Nadur** Aussichtspunkt
Qala Bucht	**Rdum** Klippe
Qortin Landzunge	**Triq** Straße
Ramla Sandstrand	**Wied** Tal
Ras Vorgebirge	**Xagħra** Felsplateau

Vorsilben geographischer Namen
il-, iċ-, id-, in-, ir-, is-, it-, ix-, iż- *stellen die Artikel dar*
ta' *bedeutet ›von‹*
taċ-, tad-, tal-, tan-, tar-, tas-, tat-, tax-, taż- *entsprechen dem Genitiv*

Beispiele:
Għajn Tuffieħa *Quelle der Äpfel*
Wied il-Busbies *Fenchel-Tal*
Għar Dalam *Höhle der Finsternis*
Ġnien tal-Isqof *Garten des Bischofstals*
It-Tieqa *Das Fenster (Dwejra, Gozo)*

Hinweis: Die maltesische Schreibweise wird der besseren Lesbarkeit wegen nicht im Text benutzt, wurde jedoch auf den Karten und im Ortsregister übernommen.

Plagen und Gefahren

Vor allem an Wochenenden und Feiertagen sollte man sich vor **Jägern** und **Fallenstellern** in acht nehmen (siehe den Kasten gegenüber). Anhöhen und ein Großteil der freien Landschaft sind Jagdgebiete der Vogeljäger. Die meisten Jäger sind freundlich und dem Wanderer wohlgesonnen, aber es gibt natürlich auch Ausnahmen. *Jagdunterständen sollte man sich stets mit Vorsicht nähern und so schnell wie möglich leise passieren.*

Die meisten **Hunde** sind angekettet. In der Wegbeschreibung wird auf die (wenigen) Stellen verwiesen, wo es mit Hunden Probleme geben könnte. Informationen über ein Ultraschall-Hundeabwehrgerät sind erhältlich bei Sunflower Books; es kann beim Verlag bestellt werden.

Auf Gozo und Comino stößt man möglicherweise auf große schwarze **Schlangen**, die aber nicht giftig sind.
Vielerorts gibt es auf den Maltesischen Inseln alte militärische Bauwerke und Wachttürme, die historisch interessant sind und auf Wanderungen auch als nützliche Orientierungspunkte dienen können. Allerdings sind einige kleinere **Geschützstände** gefährlich und sollten am besten nicht betreten werden. Größere Bauwerke wie Forts, die noch nicht für die Öffentlichkeit freigegeben sind, sollten ebenfalls nicht betreten werden.

Auf Malta, Gozo und Comino gibt es an vielen Stellen hohe Klippen, in manchen Gegenden auch felsige Gebiete am Fuße der Klippen. Man sollte in sicherer Entfernung vom **Klippenrand**

Der beste Blick auf Ir-Ramla (›Der Strand‹; Picknick 26d) bietet sich von einigen Bauernhäusern am Klippenrand (Wanderung 26).

Jäger und Fallensteller

Falls man die Maltesischen Inseln zum ersten Mal besucht, sollte man beim Wandern wissen, dass Jäger und Fallensteller auf Vögel aller Art Jagd machen — eine umstrittene Tradition, die wenig dazu angetan ist, die Inseln bei Besuchern beliebt zu machen. Häufig werden Briefe an das Tourismus-Ministerium geschrieben, bei denen es um das Abschlachten so zahlreicher Zug- und Jagdvögel geht, und auch in der europäischen Presse sind schon Briefe erschienen, die sich mit diesem Thema befassen. Diese Jagd ist jedoch auf Malta völlig legal und hat sogar eine lange historische Tradition. Die Johanniter beispielsweise ließen absichtlich Bäume anpflanzen, um die Vögel leichter abschießen zu können. Heute widmen sich mehrere Tausend Malteser der Jagd, hauptsächlich auf den Klippen und in den hügeligeren Gegenden von Malta und Gozo. Einige Jäger und Fallensteller sind freundlich und haben nichts gegen Wanderer in ihrer Nähe; andere sehen es weniger gern, ihr Jagdrevier mit Menschen teilen zu müssen, die einfach nur die Landschaft genießen wollen. So sieht man unterschiedliche Schilder mit der Aufschrift ›Privat‹ und ›Betreten verboten‹; außerdem sind in den vergangenen Jahren auf Malta viele Tore, Zäune und verschiedene andere Barrieren aufgetaucht.

Zwei Arten der Jagd wird man auf fast allen Wanderungen zumindest an einigen Stellen begegnen. Einerseits sind dies kleine Schießstände, die man am besten rasch und leise passiert. Manchmal sieht man außerdem kleine Käfige auf Felssäulen, die Lockvögel enthalten. Andererseits gibt es Geländebereiche, die von losem Geröll bereinigt wurden, um Netze und Drähte zu spannen, in denen sich Vögel verfangen. Diese Fallen sind relativ klein (maximal 15-20 m mal 4-5 m) und finden sich hauptsächlich auf den Klippen. Falls in der Nähe Gewehrsalven zu hören sind, ist besondere Vorsicht geboten. Sicherheitshalber sollte man nicht in den Himmel schauen, falls Schrot herabfällt. Falls man durch ein Jagdrevier kommt, empfiehlt es sich, eine Sonnenbrille zu tragen. Durch leuchtend farbige Kleidung wird man außerdem von den Jägern leichter wahrgenommen. Grüne, braune und graue Farben sollte man meiden, da sie in der Landschaft untergehen.

bleiben. Auf Wanderung 26 ist eine ›Abkürzung‹ durch die Mistra Rocks zwischen Dahlet Qorrot und San Blas *gefährlich* und sollte daher nicht unternommen werden.

Hinweise zum Natur- und Landschaftsschutz

Der erfahrene Wanderer kennt einige ungeschriebene Gesetze, die in unbekannten Gegenden oder unübersichtlichem Gelände stets zu beachten sind. Der unternehmungslustige Tourist kann jedoch aus Unkenntnis Schaden anrichten, Tiere verletzen und sogar sein eigenes Leben gefährden. Besondere Vorsicht ist auf den Maltesischen Inseln beim Umgang mit Feuer geboten.

- **Kein Feuer anzünden** oder Kindern das Spielen mit Streichhölzern gestatten. Zigaretten sorgfältig auslöschen. Falls man im Wald oder in dessen Nähe Feuer entdeckt, sollte man umgehend vom nächsten Telefon aus die Polizei alarmieren.
- **Tiere nicht erschrecken.** Bei lauten Geräuschen oder dem Versuch, sie anzufassen oder zu fotografieren, können sie aus Angst davonstürzen und sich verletzen.
- **Alle Weidegatter im vorgefundenen Zustand lassen.** Auch wenn gerade keine Tiere in Sichtweite sind, haben diese Gatter einen Zweck. Normalerweise halten sie weidende Schafe oder Ziegen innerhalb (oder außerhalb) eines Gebietes.
- **Keine Wild- und Kulturpflanzen ausreißen.** Alle Pflanzen stehenlassen, damit sich auch andere an ihnen erfreuen können. Blumen sind bereits vor Erreichen des Hotels verwelkt; mit Obst und Früchten verdienen die Bauern ihren mühsamen Lebensunterhalt.
- **Allen Abfall wieder mitnehmen**.
- **Beim Autofahren sollte man keine Straßen oder Wege blockieren** und dort parken, wo man niemanden behindert oder gefährdet.
- **Als Wanderer keine Risiken eingehen** und sich nicht übernehmen. Man beachte, daß die Dämmerung auf Malta sehr kurz ist. Falls man sich verletzt, kann es lange dauern, bis man gefunden wird. *Niemals allein wandern* und einer verantwortlichen Person (etwa dem Hotelportier) *stets* genau Bescheid geben, wo die Wanderung verläuft und wie lange sie voraussichtlich dauern wird. Mit Ausnahme kurzer Spaziergänge in Ortsnähe sollte man eine Erste-Hilfe-Ausrüstung, Trillerpfeife, Taschenlampe, warme Kleidung und reichlich Wasser mit sich führen. Es empfiehlt sich auch die Mitnahme energiereicher Nahrung (z.B. Nüsse, Schokolade).

Vorbereitung der Wanderungen

Alle 27 Wanderungen dieses Buches wurden hinsichtlich ihrer leichten Erreichbarkeit von den Hauptferienzentren ausgewählt. Es gibt sechs große Wandergebiete: Der Norden Maltas um Mellieha und St Paul's Bay; der Westen Maltas um Rabat, Dingli und Siggiewi; der Südosten Maltas um Marsaxlokk und Marsascala; Gozo und Comino sowie Stadtspaziergänge. Die geringe Größe der Inseln und das leistungsfähige Busnetz ermöglichen es, eine Reihe von Wanderungen in der Nähe des jeweiligen Ferienortes zu unternehmen. Kurze Busfahrten erweitern das Spektrum der Wandermöglichkeiten.

Der Aufbau des Buches ermöglicht eine leichte Planung der Wanderungen. Zunächst kann man die ausfaltbare Straßenkarte (vor der hinteren Umschlagseite) betrachten. Auf einen Blick sieht man hier das gesamte Gebiet, das Straßennetz und die allgemeine Lage der beschriebenen Wanderungen. Beim Durchblättern des Buches findet man mindestens ein Foto zu jeder Wanderung.

Nachdem man aufgrund der Karte und der Fotos eine Wanderung ausgewählt hat, sehe man sich die Planungshinweise zu Beginn der Tour an. Hier findet man die Länge der Wegstrecke, die Gehzeit, den Schwierigkeitsgrad, die Ausrüstung und die An- bzw. Rückfahrt mit öffentlichen Verkehrsmitteln beschrieben. Fast immer ist eine leichtere Kurzwanderung oder Variante der Hauptwanderung aufgeführt. Sollten auch diese noch zu anstrengend erscheinen, findet man unter den Picknickausflügen gemächliche Spaziergänge. Umgekehrt können routinierte Wanderer mit Hilfe der Karten und Wegbeschreibungen auch mehrere Touren kombinieren.

Auf den Wanderungen wird man feststellen, daß der Text mit einer Beschreibung der Wanderung beginnt, um dann rasch zur detaillierten Wegbeschreibung überzugehen. Die **Wanderkarten** (Maßstab 1:32.000) zeigen besonders markante Orientierungspunkte. **Gehzeiten** werden für bestimmte Etappenziele der Wanderung angegeben. Die Gehzeit hängt von vielen Faktoren ab, aber nachdem man die erste Wanderung gemacht hat, kann man das eigene Tempo mit den angegebenen Zeiten vergleichen. Man beachte, daß die Gehzeiten *keine Pausen einschließen*, und berücksichtige dies in der Zeitplanung.

Nachstehend die **Legende** für die Wanderkarten:

——	Hauptstraße	🚌 🏳	Bushaltestelle, Aussichtspunkt
——	Nebenstraße	■Ch.Cha.Sch	Kirche, Kapelle, Schule
- - - -	andere Straße	■Hosp.Pol Sta	Krankenhaus, Polizei
——	schmale Straße	■Bks.Cem	Kaserne, Friedhof
·······	schmale Straße, Karrenweg	■Tower	Historische Gebäude (Turm etc.)
·······	Fußpfad	■ Resr ○	Wassertank, Quelle etc.
2→	Wanderung und Richtung	🞅 🏳	Steinbruch, Fabrik
2→	Variante	P 🚗	Picknickplatz, Parkplatz
150	Meereshöhe (in *Fuß*)		(siehe Seite 9-14)

WANDERUNG 1 MALTA: VALLETTA — HAUPTSTADT UND PLANMÄSSIG ANGELEGTE STADT

Länge: 3,7 km; knapp 1 Std.

Schwierigkeitsgrad: leicht; im Sommer reichlich Schatten. Nur auf dem optionalen Abstecher zum Victoria Gate gibt es einen kurzen Ab-/Aufstieg.

Ausrüstung: bequeme Wanderschuhe, Sonnenhut

An- und Rückfahrt: Die Wanderung beginnt und endet am modernen City Gate (Stadttor), nur eine Minute vom Hauptbusbahnhof entfernt.

Valletta wurde als befestigte Stadt geplant, kurz nachdem sich die Türken nach ihrer erfolglosen Belagerung von Malta 1565 zurückgezogen hatten. Die Stadt nimmt einen Großteil der Sciberras-Halbinsel ein und liegt auf höherem Gelände als die Drei Städte (Wanderung 2), die sich auf der Südseite des Grand Harbour erstrecken. Planmäßig mit einem rechteckigen Straßensystem angelegt, das auf den italienischen Architekten Francesco Laparelli zurückgeht, wurde Valletta nach Jean de La Vallette benannt, dem Großmeister des Johanniterordens. Eindrucksvolle Festungsanlagen, schöne öffentliche Gebäude und das architektonische Erbe der strengen Bauvorschriften gehören zu den Reizen dieser Wanderung. Leider sind die im 16. Jh. angelegten Straßen wenig für die Anlieferung von Läden und Geschäften geeignet. Ein Großteil der Haupteinkaufsstraße (Republic Street) wurde zwar zur Fußgängerzone umgewandelt, aber in einigen anderen schmalen Straßen kommt man als Fußgänger nur mühsam an den parkenden Autos vorbei.

Zunächst betreten wir Valletta durch das **Stadttor** (City Gate) und wenden uns nach rechts. Das halb verfallene Gebäude auf der linken Seite ist das ehemalige Royal Opera House; es wurde während eines Bombenangriffs im Zweiten Weltkrieg zerstört. Wir erreichen den CASTILLE PLACE, der von der **Auberge de Castille et Leon** beherrscht wird, die heute als Amtssitz des Premierministers dient. Wir gehen geradeaus weiter (rechts befindet sich die alte Garnisonskirche; sie wird gegenwärtig zur Börse umgewandelt) und gelangen in die **Upper Barracca Gardens**. Der herrliche Blick auf den Grand Harbour, die Three Cities und die Schiffswerft gehört zu den schönsten auf Malta.

Wir kehren zum Eingang des Parks zurück und wenden uns rechts in die ST URSULA STREET. Nach 100 m biegen wir rechts ab und wenden uns sogleich links in die BATTERY STREET. Direkt nach dem British Hotel gibt es ein kleines Café mit Tischen im Freien, von wo man auf das Victoria Gate blickt, den meerseitigen Zugang zur Stadt. In dieser Gegend sieht man erstmals

Blick von Sliema auf Valletta

die hohen Mietshäuser, viele von ihnen mit auffälligen Balkonen. Die Straßen und Treppenwege wurden auf kunstvolle Weise am Steilhang angelegt. An der FUSSGÄNGERBRÜCKE ÜBER DIE EAST STREET bleiben wir einen Moment stehen oder machen noch besser einen 15-minütigen Abstecher einige Treppen hinab, um das wunderschön restaurierte Victoria Gate und den Kai nahe dem alten Fischmarkt zu sehen.

Wir setzen die Wanderung fort. An der ST BARBARA BASTION mit ihren schattenspendenden Bäumen vorbei, von wo der Blick auf den Hafen fällt, gehen wir auf der MEDITERRANEAN STREET weiter. Weiteres frisches Grün finden wir in den **Lower Barracca Gardens**, wo es einen Kiosk gibt. Von hier führt die Wanderung nach Nordosten. Wir passieren das **Mediterranean Conference Centre** (einst die Sacra Infermeria des Johanniterordens) und das **Fort St Elmo**, wo der großen türkischen Belagerung heroisch Widerstand geleistet wurde. Gleich hinter dem Haupteingang des Forts kommt das **Kriegsmuseum** mit Relikten der Schlacht um Malta während des Zweiten Weltkriegs. Die nächsten interessanten Gebäude sind die **Auberge de Bavière** (die einstige Residenz der Bayerischen Ritter) und die **Auberge d'Aragón**. Wie viele Bauwerke dieser Art beherbergen sie heute Regierungsbehörden. Auf diesem Abschnitt fällt der Blick auf Sliema, die alten Festungen und Baracken auf Manoel Island (diese Insel sollte man nicht auf eigene Faust besuchen) und Tigne.

Wir steigen links Stufen empor und gehen auf der ARCHBISHOP STREET weiter. Dann wenden wir uns rechts in die West Street (rechts steht die **St Paul's Anglican Cathedral**). Die nächste Straße nach links (OLD THEATRE STREET) führt uns zum PALACE SQUARE in der Stadtmitte. Auf seiner Südseite steht der Palast des Großmeisters (**Grandmaster's Palace**) und das **Arsenal**. Die Besichtigung der Prunkzimmer des Palasts lohnt sich, die mit

i	Tourist-Information	8	Kriegsmuseum	17	Triton-Brunnen
1	Stadttor (Busbahnhof)	9	Auberge de Bavière	18	The Malta Experience
2	Auberge de Castille	10	Auberge d'Aragón	19	Archbishop's Palace
3	Upper Barracca Gardens	11	St Paul's	20	Theater
4	Victoria Gate	12	Grandmaster's Palace	21	Kunstuseum
5	Lower Barracca Gardens	13	Arsenal	22	Gericht
6	Mediterranean Conference Centre	14	Nationalbibliothek	23	Sonntagvormittagsmarkt
		15	St John's (und Museum)	24	Kunstgewerbezentrum
7	Fort St Elmo	16	Archäologische Museum	25	Alter Fischmarkt

herrlichen Gemälder der türkischen Belagerung geschmückt sind. Wir gehen nach Westen auf der REPUBLIC STREET weiter und passieren nach einer Minute den REPUBLIC SQUARE, der von der maltesischen **Nationalbibliothek** beherrscht wird; hier sind die Archive des Johanniterordens untergebracht. Wir gelangen nun in die Haupteinkaufszone; links hinten steht die **St John's Co-Cathedral**, rechts (ein Stückchen weiter) das **Archäologische Nationalmuseum**. Nach einigen Minuten sind wir wieder am Busbahnhof beim Stadttor.

WANDERUNG 2 MALTA: DIE DREI STÄDTE: COSPICUA, SENGLEA UND VITTORIOSA

Länge: 5,6 km; etwa 1.15 Std.

Schwierigkeitsgrad: leicht; mit einigen Treppen, aber sehr wenig Schatten

Ausrüstung: bequeme Wanderschuhe, Sonnenhut, Getränke

An- und Rückfahrt: 🚌 1, 2, 4 oder 6 von Valletta nach Cospicua und ebenso zurück. Abfahrt alle 10 Min.; Fahrzeit 20 Min.

Kurzwanderung: Cospicua — Senglea (3,2 km; 40 Min.; leicht). Man verkürzt die Wanderung, indem man vom Hauptplatz in Senglea (Misrah Papa Benedittu XV) mit 🚌 3 nach Valletta zurückfährt.

Eine Schiffswerft, ein Industriegebiet am Horizont und eine der höchsten Bevölkerungsballungen auf Malta (ja sogar weltweit) scheinen nicht gerade der ideale Rahmen für eine Wanderung zu sein. Und auch die Busfahrt von Valletta, vorbei an einer schier endlosen Abfolge von Schwerindustrie, gibt noch keinen Hinweis auf den besonderen Charakter der Gemeinden Cospicua, Senglea und Vittoriosa auf der Südseite des Grand Harbour. Aber diese Gegenden sind ideal für Spaziergänge am späten Nachmittag (im Winter) oder frühen Abend (im Sommer), wenn die Mischbebauung mit Wohnhäusern, öffentlichen Gebäuden, Kirchen und Befestigungsmauern im Licht der tief stehenden Sonne besonders deutlich hervortritt.

Bester **Ausgangspunkt** ist der Busbahnhof in Vittoriosa. Wir gehen zum landeinwärtigen Ende des **Dockyard Creek** und der Ortsmitte von **Cospicua**, vorbei am Kai namens Xatt Ir-Risq. Die Schiffswerft liegt auf der rechten Seite; im 16. Jh. ließ hier der Johanniterorden seine Galeeren instand setzen. Für fast 150 Jahre befand sich hier das bedeutendste Dock der Schiffswerft. Heute gibt es Pläne, dieses Gebiet in einen Jachthafen umzuwandeln. Die Straße führt an örtlichen Bars, dem Club der Musikkapelle, der Kirche und Läden vorbei. Nach etwa fünf Minuten gehen wir nach rechts am Eingang zur Schiffswerft vorbei und laufen leicht hangaufwärts zur Triq San Pawl; links befindet sich hier die Suez Canal Bar. Fünf Minuten später erreichen wir die Mauern von **Senglea** und gelangen geradewegs unter den Bögen hindurch auf den Hauptplatz (Misrah Papa Benedittu XV).

Auf der rechten Seite des Platzes gehen wir einige Stufen hinab, um einen schönen Blick auf das benachbarte Vittoriosa zu haben. Dann kehren wir zum Platz zurück, wo die Pfarrkirche ›Unsere Liebe Frau der Siege‹ (**Our Lady of Victories**) steht. Das ursprüngliche Bauwerk aus dem 18. Jh. wurde im Zweiten Weltkrieg zerstört. Das heutige Gotteshaus, vor dem ein Kriegsdenkmal steht, stammt aus den 1950er Jahren. Wie andere Küstenstädte Maltas hatte auch Senglea stark unter Bombenangriffen zu leiden, die eigentlich den Schiffen in den angrenzenden Buchten und Häfen galten.

Direkt hinter der Kirche biegen wir links in die Triq San

LAWRENZ, die uns zur TRIQ IS-SUR und den westlichen Bastionen von Senglea führt. Hier hat man Gelegenheit, Supertanker und andere große Schiffe im Haupthafen zu sehen. Wir gehen auf der Triq-is-Sur weiter, bis wir rechts auf die TRIQ SAN FILIPPU abbiegen. Nach einer Minute erreichen wir die Kirche **St Philip Neri** aus dem späten 17. Jh. Wir gehen an der Kirche vorbei und biegen links in die TRIQ IZ-ZEWG MINI, die zu einer kleinen Grünanlage an der Spitze der Halbinsel führt. Von hier bietet sich ein schöner Blick auf Valletta, das Fort St Angelo in Vittoriosa und die Einfahrt in den Grand Harbour. Das kleine Wachhäuschen, örtlich unter dem Namen *gardjola* bekannt, lohnt eine nähere Betrachtung — einschließlich der Inschriften, die an weniger sichere Zeiten erinnern, als Küstenorte stets vor Invasoren und Piraten auf der Hut sein mussten.

Wir verlassen die Grünanlage, gehen links eine Treppe

Wanderung 2 Malta: Die Drei Städte

hinab (die zweite Treppe führt zu einem kleinen Sportplatz) und wenden uns rechts auf die Triq Is-Serena — ein schönes Beispiel für eine kleine Seitenstraße. Wir biegen nach links, um den Kai zu erreichen, wo es mehrere Straßencafés gibt. Um die Kurzwanderung zu beenden, wenden wir uns rechts in die Triq San Lawrenz und erreichen in knapp zwei Minuten wieder den Hauptplatz (etwa **40Min**).

Wir setzen die Hauptwanderung am Kai fort, gehen unter dem Bogen der riesigen **Bastion Macina** hindurch und erreichen wieder die Triq San Pawl. Nun gehen wir zurück zum Kai Xatt ir-Risq und laufen geradeaus zur Pfarrkirche des hl. Lorenz (**St Lawrence**) von **Vittoriosa**. Für die Johanniter was dies ein bedeutendes Gotteshaus. Die heutige Kirche stammt aus dem 17. Jh. und lohnt einen Besuch. In den Kapellen befinden sich viele schöne Gemälde; das Altarbild zeigt den Schutzpatron der Stadt. Vor der Kirche steht das 1979 erbaute **Freedom Monument**, das an die Einschiffung der letzten britischen Militärkräfte auf die HMS London erinnert. Alljährlich am 31. März wird mit Zeremonien und einer Regatta dieses Ereignisses gedacht.

Wir gehen am Kai entlang (Victualling Yard Wharf) zum **Schifffahrtsmuseum** (Maritime Museum; täglich geöffnet), das in der früheren Marine-Bäckerei untergebracht ist. Hier erfährt man mehr über den Johanniterorden, die britische Herrschaft und maltesische Fischerboote, die die maltesische Geschichte und die Küstenregionen geprägt haben. Zwei Minuten nach dem Museum gehen wir geradeaus über die brücke und dann die Rampe* zum **Fort St Angelo** hinauf. An der Spitze des Vorgebirges von Vittoriosa gelegen, spielte diese Festung eine bedeutende Rolle in der Abwehr der wiederholten Angriffe der türkischen Armada während der großen Belagerung von 1565. In jüngerer Zeit wurde sie zum Mittelmeer-Hauptquartier der britischen Flotte umgewandelt.

Unser Rückweg verläuft über die Hauptstraßen von Vittoriosa: Wir folgen anfänglich der Triq il-Habs l-Antik und biegen nach drei Minuten links in die Triq Sant Anton. Diese Straße führt uns zum Hauptplatz von Vittoriosa (Misrah ir-Rebha 1565). Leider sind die meisten Gebäude, die am Platz stehen, Neubauten — hauptsächlich aufgrund der schweren Bombardierung dieser Gegend während des Zweiten Weltkriegs. Über die am weitesten links gelegene Straße (Triq il-Mina l-Kbira) verlassen wir den Platz. Nach zwei Minuten kommen rechts die restaurierten Befestigungen des **Gate of Provence**. Hier bietet sich ein herrlicher Blick vom **Port of France** (hoch oben auf den

---

*Falls das Tor am oberen Ende der Rampe geschlossen ist, wenn man die Wanderung macht, muss man folgenden acht-minütigen Umweg gehen: Man kehrt zum Freedom Monument zurück, biegt an der Lorenzkirche in die Triq San Lawrenz, steigt einige Stufen empor und wendet sich nach links, um in die Triq il-Habs l-Antik zu gelangen. Diese Straße führt zu einem anderen Tor zum Fort St. Angelo.

Oben: Victualling Yard Wharf, Vittoriosa; Mitte, links: Blick vom Port of France auf Senglea; Mitte, rechts: Blick aus der Nähe der Upper Barracca Gardens in Valletta auf das Fort St Angelo (Vittoriosa); unten: Trockendocks von Senglea (links), das Freedom Monument und die Lorenzkirche in Vittoriosa (rechts)

Mauern) auf Senglea. In dem Komplex gibt es außerdem eine Dauerausstellung mit Fotos von Vittoriosa. Wir gehen zur Straße zurück, biegen nach rechts und finden die BUSHALTESTELLE nach Valletta direkt jenseits der Hauptstraße (**1Std15Min**).

WANDERUNG 3 MALTA: MDINA UND RABAT

Siehe auch das Foto auf Seite 2 **Länge**: 3,2 km; 45 Min. bis 1 Std.

Schwierigkeitsgrad: leicht; im Sommer reichlich Schatten

Ausrüstung: bequeme Wanderschuhe, Sonnenhut

An- und Rückfahrt: 🚌 80 von Valletta nach Rabat; an der ersten Haltestelle in der Stadt aussteigen (unmittelbar nachdem der Bus einen steilen Hang hinaufgefahren ist). Rückfahrt von der Bushaltestelle an der Pjazza Saqqajja.

Kurzwanderung: **Mdina** (1,4 km; 25 Min.). Man folgt der Wegbeschreibung nach Mdina. Nachdem man den Rundgang durch die Stadt beendet hat, kehrt man zur Bushaltestelle an der Pjazza Saqqajja in Rabat zurück.

Mdina wird häufig die ›Stille Stadt‹ (The Silent City) genannt — eine ziemlich unpassende Bezeichnung, besuchen doch schätzungsweise vier von fünf Malta-Touristen Mdina während ihres Aufenthaltes. Mdina erhielt seinen Namen von den Sarazenen, die im 9. Jh. über Malta herrschten und die Mauern und Gräben verstärkten, die Mdina vom Vorort Rabat trennen. Obwohl das Christentum von den Normannen im 11. Jh. auf Malta wieder eingeführt wurde, fristete Mdina danach ein Schattendasein, insbesondere seit Ankunft der Johanniter, die es vorzogen, rund um den Grand Harbour befestigte Ansiedlungen anzulegen. Andererseits erwählten sich die meisten maltesischen Adelsfamilien Mdina zum Wohnsitz, und es sind ihre Paläste und Bauwerke, die heute stark zum touristischen Reiz der Stadt beitragen. Rabat hingegen wird von den meisten Urlaubern übersehen, was etwas überraschend ist, da hier die legendäre Stätte liegt, wo der Heidenapostel Paulus gepredigt haben soll; außerdem gibt es viele interessante Bauwerke.

Bus Nr. 80 fährt einen steilen Hang hinauf, bevor man Rabat erreicht. Wir steigen an der ersten Haltestelle in der Stadt aus (der Bus fährt danach im Uhrzeigersinn durch die Stadt). **Zunächst** begeben wir uns nach rechts auf die Pjazza Saqqajja, überqueren diesen Platz (vorbei an der Bushaltestelle für die Rückfahrt) und steuern die **Howard Gardens** und das **Mdina Main Gate** (Foto Seite 2) an, die wir nach etwa fünf Minuten erreichen. Wir überqueren den Graben und gehen durch das Tor, um auf einen kleinen Platz zu gelangen. Die meisten Besucher gehen an dieser Stelle auf der Hauptstraße (Triq Villegaignon) weiter. Empfehlenswert ist jedoch eine andere, weniger kommerzielle Route. (Falls man den Menschenmassen folgt, kommt man an Andenkenläden, Cafés und der St Paul's Cathedral vorbei, um nach zehn Minuten den Bastion Square zu erreichen, wo man sich wieder der Wegbeschreibung anschließen kann.)

Die empfehlenswertere Route verläuft zwischen dem Main Gate und den Bastionen. Wir wenden uns links in die Triq Inguanez und folgen ihr über den Greeks Gate Square. Dann wenden wir uns rechts in die Triq l-Imhazen (Magazine Street)

44 Landschaften auf Malta, Gozo und Comino

und erreichen sogleich **Magazine Gate**, von wo sich ein schöner Blick auf die Landschaft und einige architektonische Kuriositäten bietet. Am Horizont steht das alte britische Marinekrankenhaus in Mtarfa; in der Talsohle liegt der Endbahnhof (heute ein Restaurant) der einstigen Schmalspurbahn, die nach Valletta führte. Vom Magazine Gate folgt unsere Route der TRIQ L-IMHAZEN. Links sehen wir hier ein langes Lagerhaus, in dem einst Kriegsgerät gelagert wurde. Drei Minuten danach biegen wir rechts in die TRIQ IL-KARMNU, die zum nördlichen Ende der TRIQ VILLEGAIGNON führt. Hier wenden wir uns nach links und erreichen den **Bastion Square**. Von den Bastionen bietet sich ein Rundblick auf Mosta und die St Paul's Bay. An klaren Tagen

1 Main Gate
2 Howard Gardens
3 Magazine Gate
4 Bastion Square
5 St Paul's Cathedral
6 Palast des Erzbischofs
7 Kathedralen-Museum
8 Benediktinerkloster
9 Palazzo Vilhena
10 Museum der Römischen Altertümer
11 St Paul's Church und Grotto
12 St Paul's Katakomben
13 St Agatha's Kirche und Katakomben
14 Nationalarchiv
15 Das Verlies in Mdina
16 Turm der Standarte
17 Palazzo Falzon
18 Palazzo Santa Sofia
19 Casa del Magistrato
20 Rathaus
21 Palazzo Gatto Murina
22 Casa Viani
23 Casa Testaferrata
24 Casa Inguanez
25 Corte Capitanale
26 Das Mdina-Erlebnis
27 Busbahnhof (Pjazza Saqqajja)

Mdina: typischer Touristenladen in der Triq Villegaignon

kann man die Kirchen von Valletta am Horizont erkennen.

Um zum Main Gate zurückzukehren, begeben wir uns zum östlichen Ende des Bastion Square, passieren den Fontanella Tea Garden (links) und folgen der schmalen TRIQ IS-SUR, ehe wir durch die TRIQ SANTU ROKKU gehen und die **St Paul's Cathedral** erreichen. Das Gotteshaus wurde nach einem schweren Erdbeben im Jahr 1693 wieder aufgebaut. In der Nähe stehen der **Palast des Erzbischofs** und das **Kathedralen-Museum**. Vom Platz folgen wir der TRIQ SAN PAWL am **Benediktinerkloster** und dem **Palazzo Vilhena** vorbei, einst Sitz der ›Universita‹ (Büro der örtlichen Verwaltung) und heute Naturkundemuseum.

Wir erreichen wieder das Main Gate, überqueren den Graben und wenden uns rechts in die Howard Gardens, wo man Sitzbänke und etwas Schatten findet. Hinter den Gärten erreichen wir an einer Straßenverzweigung und einem staubigen Parkplatz das **Museum der Römischen Altertümer** (häufig ›Roman Villa‹ genannt), wo die Mosaiken eines römischen Stadthauses und andere Funde zu sehen sind. Die Wanderung führt nun über die Straße und setzt sich auf der TRIQ SAN PAWL fort. An dieser Stelle sieht man große Werbeschilder von ›Crystal Palace Bar‹ und ›Freddie Snack Bar‹. Schmale Gassen und typisch maltesische Balkone ziehen nun den Blick auf sich; viele Bars bieten sich für eine Erfrischung an.

Zu den bemerkenswerten Gebäuden entlang der Triq San Pawl gehören der L'Isle Adam Band Club mit seinem großartigen Rundbalkon und die St Mary of Jesus Friary. Bald erreichen wir den PARISH SQUARE, wo die Straßen in Rabat zusammenlaufen. An manchen Tagen gibt es hier einen kleinen Markt, auf dem örtlich angebautes Obst und Gemüse verkauft werden. Der Platz wird von der **St Paul's Church** beherrscht. Auf dem offenen Bereich neben der Kirche, wo Paulus seine Predigten hielt, steht eine Statue des Heidenapostels.

Wir gehen am Kirchenportal vorbei und biegen links in die TRIQ IL-KULLEGG, wo eine Tafel an der Mauer an den Besuch Maltas durch Papst Johannes Paul II. im Jahr 1990 erinnert. Er

46   Landschaften auf Malta, Gozo und Comino

hatte Rabat besucht, um in der St Paul's Grotto zu beten, wo Paulus während seines Aufenthaltes auf der Insel lebte. Eine gut beschilderte Route führt durch die Triq San Kataldu und Triq Sant Agatha zu den **St Paul's Katakomben** und dem **Museum**. Ein weiterer historischer Komplex, St Agatha's Katakomben und Kirche, ist nur wenige Gehminuten vom Platz entfernt.

Wir kehren zur St Paul's Church zurück und gehen nach rechts durch die Fußgängerzone, vorbei an einem achteckigen Obelisk, der an die freundliche Aufnahme Paulus' durch die Malteser erinnert. Dann biegen wir scharf rechts in die Triq Cosmana Navarra. (Man kann auch die nächste Rechtsabzweigung namens Triq Il-Kbira nehmen, falls man die Betriebsamkeit der Haupteinkaufsstraße von Rabat vorzieht.) Die Triq Cosmana Navarra, eine typische schmale Straße, führt zum **Nationalarchiv**. An der Straßenverzweigung folgen wir der Triq l-Isptar nach links an der örtlichen Stadtverwaltung vorbei (an der Verzweigung mit der Triq Il-Kbira). Hier biegen wir nach rechts und erreichen nach knapp zwei Minuten die Hauptstraße. 100 m nach links liegt die Pjazza Saqqajja und die Bushaltestelle (**45Min-1Std**).

WANDERUNG 4 MALTA: GHADIRA • MADONNENSTATUE • ARMIER BAY • MARFA

Entfernung/Gehzeit: 10 km; 2.40 Std.

Schwierigkeitsgrad: Leicht, mit Auf-/Abstiegen über insgesamt 45 Höhenmeter

Ausrüstung: Feste Schuhe, Sonnenhut, Schwimmzeug, Regenzeug, Proviant, Wasser

Anfahrt: 🚐 44 von Valletta (Abfahrt alle 20 Minuten) zum Polizeirevier Ghadira; Fahrzeit etwa 1 Std. Oder 🚐 45 von Valletta nach Cirkewwa (verkehrt in Verbindung mit der Gozo-Fähre): Am Polizeirevier Ghadira aussteigen; Fahrzeit etwa 1 Std.
Rückfahrt: 🚐 45 von Marfa oder Cirkewwa nach Valletta

Kurzwanderung 1: Ghadira — Madonnenstatue — Armier-Kreuzung (6,4km; 1.40 Std.; leicht). Der Hauptwanderung zur Statue folgen; auf der Straße über den Hügelrücken zur Armier-Kreuzung zurückkehren und den 🚐 45 nach Valletta nehmen.

Kurzwanderung 2: Armier-Kreuzung — Marfa (3,5km; 55 Min.; leicht). Den 🚐 45 zur Armier-Kreuzung nehmen und der Kammstraße nach Osten folgen. Dann entweder die zweite links abzweigende Nebenstraße nach Ramla tal-Qortin oder die dritte links abzweigende Nebenstraße zur Armier Bay nehmen. Rückkehr siehe Hauptwanderung.

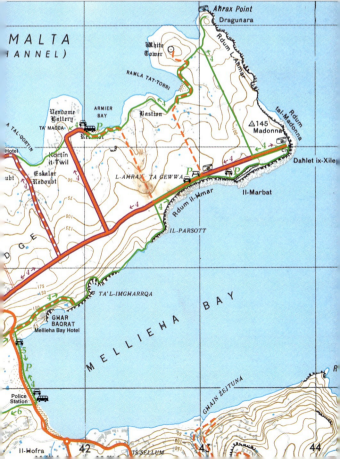

Ramla tat-Torri (links oben), Armier Bay (links unten; Picknick 4c) und Windmühle nahe Marfa (rechts)

Dieser kurze Spaziergang auf dem Marfa Ridge umfaßt kontrastreiche Landschaften, die von relativer Einsamkeit bis zum typisch maltesischen Urlaubsort reichen. Außerdem erkunden wir die nördlichsten Ausläufer Maltas; von hier blicken wir über Comino hinweg auf Gozo.

Wir verlassen den Bus am POLIZEIREVIER in **Ghadira** und gehen **zunächst** entlang des Sandstrandes der **Mellieha Bay** nach Norden (Picknick 4a; man könnte die Wanderung sogar mit einem erfrischenden Bad und Picknick beginnen). Am Ende des Strandes gehen wir auf der Rückseite des Parkplatzes vorbei, der zum Restaurant Costa del Sol gehört, und steigen zur Zufahrtsstraße hinauf, die zum HOTEL MELLIEHA BAY führt. Wir umgehen das Hotel auf der Rückseite und wenden uns rechts auf ein Asphaltsträßchen (rot/weiße Schranke), dem wir zum KÜSTENPFAD hinab folgen (**25Min**). Wir biegen links auf den Pfad ein und erreichen bald die **Ta' l-Imgharrqa**. Ein steiler Pfad führt in die fast allseitig umschlossene, kreisförmige Bucht hinunter, doch wir umgehen sie hoch oben (etwa **30Min**).

Wir halten uns parallel zur Befestigungsmauer. Der Küstenpfad verbreitert sich zu einem deutlichen Weg, und wir erblicken ein sehr fotogenes Felsentor. Davor liegt ein Landungssteg, und daneben steht eine rot-weiße Betonsäule. Wir gehen auf dem Fußweg weiter und folgen den sonderbaren Felsformationen. Dann (**50Min**) gelangen wir auf die KAMMSTRASSE und folgen ihr nach rechts. Links erstreckt sich ein Wäldchen — eine Seltenheit auf Malta, so daß man den Schatten genießen und eine Picknickpause einlegen sollte (Picknick 4b).

Oben auf der Anhöhe (**55Min**) bietet sich ein weiter Rundblick, der links übers Meer nach Comino und Gozo reicht; rechts erblicken wir hinter der Landzunge die St Paul's-Statue. Wir gehen auf demselben Weg durch den Wald zum Küstenpfad zurück und erreichen eine alte KAPELLE mit einer MADONNENSTATUE (**1Std10Min**). Nach allen Seiten genießen wir schöne Ausblicke; vielleicht hat man sogar das Glück, ein Kreuzfahrtschiff oder einen Supertanker bei der Hafeneinfahrt zu sehen.

Von der Kapelle führt *zwar* ein Küstenpfad zum Ahrax Point, doch ist er nicht leicht zu gehen. Wir folgen daher der Kammstraße nach Westen und biegen auf einen rechts abzweigenden Weg (**1Std15Min**). Von Mauern eingefaßte Felder, die von

eigenkakteen gesäumt sind, Windmühlen und Kiefern umgeben uns. Wir erreichen das Ende des Weges (**1Std30Min**) und folgen dem Pfad, der nach rechts zur Landspitze **Ahrax Point** führt. Der Pfad ist sehr undeutlich; wir gehen nach Norden über felsiges Gelände, bis wir unmittelbar nach Überqueren der Anhöhe ein WASSERLOCH erreichen (gut **1Std35Min**). Man könnte hier leicht ein unfreiwilliges Bad nehmen... und dann gibt es nur einen Ausweg — das offene Meer. Wir haben hier die nördlichste Spitze Maltas erreicht.

Wir kehren zum Ende des Weges zurück und nehmen den rechten Weg, der zur Slug Bay hinunterführt (**Ramla tat-Torri**; **1Std50Min**). Man lasse sich durch ihren Namen (Bucht der Nacktschnecken) nicht abschrecken, sondern genieße ein erfrischendes Bad in dieser sanft abfallenden Sandbucht. An einigen Ferienhäusern vorbei geht es an der Küste entlang weiter. Man kann fast alle Gebäude auf der Seeseite umgehen. Nur an wenigen Stellen muß man auf den breiten Weg ausweichen und hinter den Gebäuden entlanggehen. Bald erreichen wir die **Armier Bay** (Picknick 4c). Diese Bucht sowie die umgebenden Bars und Restaurants werden von den Maltesern stark frequentiert.

Wir lassen die Straße, die auf den Höhenrücken führt, unbeachtet und wandern an weiteren Ferienhäusern vorbei über die Landzunge **Ta' Macca** hinweg, bis wir die Bucht **Ramla tal-Qortin** erreichen. Am Strand entlang wandern wir an bunten Bootshäusern vorbei. Hinter dem HOTEL RAMLA BAY gehen wir zum alten Anlegeplatz der Gozo-Fähre (›LANDING PLACE‹; **2Std 35Min**), der heute nurmehr von Booten benutzt wird, die Tauchschulen gehören oder nach Comino fahren. Etwas weiter kommt der PALAZZ TAL-MARFA (**2Std40Min**) an der Hauptstraße nach Cirkewwa, dem heutigen Anlegeplatz für die Gozo-Fähre. Wir besteigen den Bus entweder an der Haltestelle neben dem Palazz oder in Cirkewwa (1,1km entfernt).

WANDERUNG 5 MALTA: ARMIER-KREUZUNG • QAMMIEH • IC-CUMNIJA • GHADIRA

Siehe die Karte auf Seite 46-47; siehe auch das Foto auf Seite 52

Entfernung/Gehzeit: 4,3 km; 1.20 Std.
Schwierigkeitsgrad: Leicht, mit Auf-/Abstiegen über insgesamt 120 Höhenmeter
Ausrüstung: Feste Schuhe, Sonnenhut, Schwimmzeug, Regenzeug, Proviant, Wasser
Anfahrt: 🚌 45 von Valletta nach Cirkewwa (verkehrt in Verbindung mit der Gozo-Fähre); an der Armier-Kreuzung aussteigen. Fahrzeit etwa 1.05 Std.
Rückfahrt: 🚌 44 von Ghadira nach Valletta
Variante: Armier-Kreuzung — Qammieh — Cirkewwa (4,5 km, 1.10 Std.; leicht, mit einem Aufstieg über 70 Höhenmeter und einem Abstieg über 120 Höhenmeter. Der Hauptwanderung zum alten Radiosender bei Qammieh folgen. Etwa 100 m auf demselben Weg zurückgehen und nach einem Stein mit der Aufschrift ›WD‹ auf der linken Straßenseite Ausschau halten. Etwa 10 m danach links auf einen Pfad abbiegen, der an den Klippen entlang zur Paradise Bay führt. Dann die Straße nach Cirkewwa nehmen; die Bushaltestelle liegt am Kai.

Anhöhen und Täler, weiße Klippen, das tiefblaue Meer und Stellungen aus dem 2. Weltkrieg bilden das Kontrastprogramm dieser Tour. Die Ausblicke vom westlichen Ende des Marfa-Rückens gehören zu den schönsten auf Malta.

Die Wanderung beginnt an der ARMIER-KREUZUNG am **Marfa-Ridge**. Wir folgen der schmalen Straße, die nach Westen verläuft und auf dem Kamm des Hügelrückens ansteigt. Nach **5Min** gehen wir links am **Red Tower** (Picknick 5) vorbei. Dieses historische Bauwerk aus dem 17. Jh. dient als militärische Anlage; seine Farbe ist heute nurmehr ein schwaches Rosa. Wir genießen schöne Ausblicke auf die Nord- und Ostküste Maltas sowie hinüber nach Comino und Gozo. Bald erreichen wir einen kleinen BRUNNEN (links, bei einer Ausweichstelle an der Straße; **15Min**). Mit hinabgeworfenen Steinchen läßt sich seine Tiefe ermitteln. Wir gehen auf der Straße geradeaus weiter, die auf der Anhöhe des Hügelrückens verläuft, und genie-

Der Westrand des Marfa Ridge, mit dem Paradise Bay Hotel und Comino im Hintergrund

Wanderung 5 Malta: Armier-Kreuzung • Qammieh • Ghadira

...en die herrliche Landschaft und eine erfrischende Brise. Oberhalb der **Klippen von Qammieh** liegen die Überreste eines einst von den Amerikanern errichteten RADIOSENDERS (**30Min**).

Wir gehen 15 Minuten auf demselben Weg zurück (**45Min**), bis wir rechts grob gehauene Stufen sehen (wo die Straße breit genug für zwei vorbeifahrende Autos ist). Bevor wir diese Stufen hinabsteigen, genießen wir den Rundblick über zerklüftete Klippen, schroffe Landzungen und das tiefblaue Meer. Die Stufen führen zu einem Pfad hinab, der zum Zeitpunkt der Recherchen zum Fahrweg ausgebaut wurde und eine geröllige Beschaffenheit hatte. Wir folgen diesem Weg durch aufgegebene Ackerterrassen. Wir stoßen auf einen weiteren Weg und folgen ihm nach links, um am oberen Ende der kleinen, auf Seite 52 abgebildeten Bucht **Ic-Cumnija** (›Kamin‹) vorbeizugehen. Wir erreichen zwei kleine BUNKER (**1Std**). Der Weg verbreitert sich zum Sträßchen, das in ein Tal mit bewässerten Feldern, Wassertanks, Windmühlen und Bauernhäusern hinabführt. Wahrscheinlich wird man hier Leute auf den Feldern arbeiten sehen, und vielleicht steht oben am Hang ein Schäfer mit seiner Herde.

An der Kreuzung mit der TALSTRASSE (**1Std05Min**) biegen wir nach links Richtung Meer; wir sehen ein Gehöft und zwei Wassertanks. Nach zehn Minuten erreichen wir eine Gruppe maltesischer Ferienhäuser. Wir wenden uns nach rechts und erreichen nach wenigen Minuten die **Mellieha Bay**, einen von Maltas beliebtesten Stränden. Nach einem erfrischendem Bad nehmen wir den Bus für die Rückfahrt an der nahen **Ghadira**-Haltestelle (**1Std20Min**).

WANDERUNG 6 MALTA: GHADIRA • Il PRAJJET • GHAJN SNUBER • GOLDEN BAY

Entfernung/Gehzeit: 7,2 km; 2.40 Std.

Schwierigkeitsgrad: anfänglich leicht, dann mittelschwer. Bei Ghajn Snuber und Ras il-Wahx etwas Kraxelei. Aufstieg über insgesamt 120 Höhenmeter, Abstieg über 100 Höhenmeter.

Ausrüstung: Feste Schuhe, Sonnenhut, Schwimmzeug, Regenzeug, Proviant, Wasser

Anfahrt: 44 von Valletta (Abfahrt alle 20 Minuten) zum Polizeirevier Ghadira; Fahrzeit etwa 1 Std. Oder 45 von Valletta nach Cirkewwa (verkehrt in Verbindung mit der Gozo-Fähre): Am Polizeirevier Ghadira aussteigen; Fahrzeit etwa 1 Std.

Rückfahrt: 47 von Golden Bay nach Valletta

Variante: Ghadira — Ghajn Snuber — Mizieb — Selmun (10 km; 3.30 Std.; Schwierigkeitsgrad wie bei der Hauptwanderung, mit einem Aufstieg über 120 Höhenmeter und einem Abstieg über 60 Höhenmeter). Der Hauptwanderung zum Ghajn Snuber-Turm folgen und weiter bis zur Spitzkehre der Nebenstraße Manikata/Mellieha gehen. Die Straße in das Mizieb-Tal hinabgehen. Gegenüber einigen Gehöften links einen Weg zum Mizieb-Pumpwerk nehmen (siehe nun die Karte auf Seite 58-59). Nach 5 Minuten rechts auf eine Straße abbiegen und nach 50 m links einen Weg nehmen, der dem Tal folgt. Geradeaus zur St Paul's Bay/Mellieha-Straße in Selmun weitergehen. Nach rechts gelangt man zu den Bushaltestellen in beiden Richtungen.

Diese Wanderung beginnt und endet in der Nähe von Sandstränden. Außerdem besuchen wir ›Popeyes Dorf‹, wo die alten Filmkulissen und der Freizeitpark Children's World die Hauptattraktionen sind. Wie auf Wanderung 5 sehen wir Bergrücken, Täler und viele Monumente aus Maltas militärischer Vergangenheit.

Ausgangspunkt ist die Bushaltestelle in **Ghadira**, wo Wanderung 5 endet. Zunächst nehmen wir den ersten Weg nach rechts (beschildert ›Mellieha Holiday Centre — Non Residents are

Blick von den Qammieh-Klippen auf Ic-Cumnija (Wanderung 5). Wanderung 6 folgt einer Route direkt südlich der Landzunge, die im Mittelgrund erkennbar ist.

Wanderung 6 Malta: Ghadira • Ghajn Snuber • Golden Bay

welcome‹). Nach zwei Minuten passieren wir einen kleinen Bauernhof, wo Obst und Gemüse verkauft werden. Eine Minute später, direkt hinter einem Windrad, wenden wir uns rechts durch eine Mauerbresche und folgen dem rechten Pfad. Auf 100 m Länge verläuft er dicht an einer Feldmauer entlang. Ein weiteres Windrad kommt in Sicht. Wir wenden uns links durch eine Bresche zwischen einigen Büschen (direkt vor einem Gehöft, das rechts in dem tieferen Gelände steht). Diesem Pfad folgen wir durch felsiges Gelände und steuern eine weitere Mauer an, die in 300 m Entfernung am Hang steht; dahinter stehen Strommasten. In der Nähe eines Strommastes mit besonders breiten Stahlstützen befindet sich eine Bresche in der Mauer. Wir durchschreiten diese Bresche und gehen dann links an dem Strommast vorbei. Etwa 100 m danach halten wir nach einem EINSAMEN JAGDSITZ und unserem weiterführenden Pfad Ausschau. Der Pfad schlängelt sich in einer Senke zwischen der Anhöhe, auf der wir uns befinden, und einer anderen Anhöhe in der Ferne empor; der Verlauf des Pfades zeichnet sich deutlich in brauner Farbe gegen den grauweißen Kalkstein des felsigen Geländes ab. Wir durchqueren felsiges Terrain, um auf den PFAD zu gelangen (**20Min**), und folgen ihm ansteigend aus dem Tal, das Malta beinahe in zwei Hälften zerschneidet.

Nach etwa zehn Minuten erreichen wir die Anhöhe. Wir befinden uns nun auf dem **Ras in-Niexfa** (›Trockene Spitze‹; **30Min**). Von hier aus erblicken wir den nächsten Teil der Wanderung im Gebiet Qasam Barani. Diese abgelegene und einsame Gegend ist bis auf das Devil's Farmhouse unbewohnt. Wir gehen von der Anöhe zu einer schmalen, fjordartigen Bucht namens **Il-Prajjet** hinab (Anchor Bay; **40Min**). Einst war dies ein wunderschönes abgeschiedenes Plätzchen, doch für den Film ›Popeye‹ wurde die Bucht in einen Hafen des 18. Jh. verwandelt. Es gab hier einst einen herrlichen Klippenpfad, der jetzt allerdings unpassierbar ist. Stattdessen hat man zwei Möglichkeiten.

Entweder geht man einfach durch den Freizeitpark (Children's World)*, begibt sich dann zur künstlichen Kirche und wendet sich vor der ›Kirche‹ rechts auf eine Straße.

Die Alternative ist länger; in diesem Fall kommen 15 Minuten zu den nachfolgenden Gehzeiten hinzu: Nachdem man den Rand des Freizeitparks erreicht hat, wendet man sich nach links und folgt der rechten Mauer fünf Minuten, bis von links eine Mauer heranführt. Man geht durch eine Mauerbresche weiter und gelangt dann auf einen Weg, der bergab zu einem Tor führt. Rechts führt ein Pfad um das Tor; dann gelangt man wieder auf den Weg. Man folgt dem Weg an einem Gehöft vorbei und stößt dann auf die Straße von Ghadira, der man nach rechts folgt. Nun erreicht man ›Popeyes Dorf‹.

Nun müssen wir *auf den Weg achten*. Wir umgehen Il-Prajjet und lassen die erste Nebenstraße nach links unbeachtet. Wir

---

*Kostenloser Eintritt; nur die Fahrten und der Besuch von ›Popeye Village‹, das eingezäunt ist, kosten Geld.

nehmen die zweite, näher an der Küste verlaufende Nebenstraße. Unmittelbar nachdem wir an einem gut versteckten BUNKER oben auf der Anhöhe vorbeikommen (**55Min**), nehmen wir den Weg nach rechts, der durch mit Steinmauern begrenzte Felder führt. Bei Erreichen des Klippenrandes folgen wir ihm in sicherem Abstand. Im Frühling ist die Klippensenke mit Wildblumen bedeckt.

Es geht über holpriges Terrain weiter. Nach dem Passieren einer HÜTTE (**1Std15Min**) steigen wir zu einer etwas tiefergelegenen Verflachung hinab (nahe eines Feigenbaums, der in einer Felsspalte wächst). Nach wenigen Minuten führt die Route an einer Hecke aus Feigenkakteen vorbei und zu einer GESCHÜTZSTELLUNG aus dem 2. Weltkrieg, die sorgfältig im Hang verborgen liegt. Wenn man sich aufs Dach der Batterie begibt,

Wanderung 6 Malta: Ghadira • Ghajn Snuber • Golden Bay

sieht man einige Stufen (vom britischen Militär stark ausgetreten) und den auf die Anhöhe führenden Pfad. Der Pfad verbreitert sich zum Erdweg: Wir lassen den ersten, der links in einen Steinbruch führt, unbeachtet, und nehmen den zweiten, der zum **Turm Ghajn Snuber** hinaufführt (Picknick 6a; **1Std 30Min**). Wilder Thymian, Meerfenchel, Gelber Eisenhut, die Meerzwiebel *(Urginea maritima)* und die Spätblühende Narzisse *(Narcissus serotinus)* sind nur einige Beispiele der Pflanzenvielfalt. Ghajn Snuber (Quelle bei den Aleppo-Kiefern) diente früher als militärisches Übungsgelände; Kiefern gibt es hier leider nicht mehr.

Wir wandern zum Klippenrand hinunter und halten uns dabei rechts des großen, quaderförmigen BETONBUNKERS (nach einer Minute folgen wir einem von Steinmauern gesäumten Weg). Wir stoßen auf einen TREPPENGANG in den Klippen, der zu zwei Hütten mit kreisförmig ummauerten Gärten hinunterführt. Die Wanderung setzt sich nun nach Süden fort und folgt in gewissem Abstand dem Verlauf der Klippen. Weitere Steinstufen führen zu Gärten hinab, die von Mauern umgeben sind; Bootshäuser säumen das Ufer. Am Ende des Hauptküstenpfades (knapp **1Std55Min**) folgen wir etwa 50m einem roten Erdweg und gehen dabei rechts an einer kleinen Steinhütte vorbei. Oben auf der Anhöhe (**2Std05Min**) kann man leicht erkennen, warum die felsige Landzunge **Ras il-Wahx** (Ort des Schreckens) genannt wird.

Wir kehren zum Klippenrand zurück und kommen an einer Quelle vorbei, die die tieferliegenden kleinen Parzellen bewässert. Im Vordergrund liegt Golden Bay (Picknick 6b) und ein alter Schießstand. An der **2Std20Min**-Stelle passiert man eine kleine verfallene BEFESTIGUNG aus dem Weltkrieg und eine neuere, von einer Mauer umgebene Einfriedung mit einer Metalltür (links). Knapp eine Minute danach steigt ein Weg vom rechten Unterhang an (bei einem aufgegebenen militärischen Bauwerk). Wir schwenken nach links, vorbei an einem anderen Weg nach rechts. Vor uns befindet sich eine große, teilweise eingestürzte Mauer. Der Weg führt an der linken Seite dieser Mauer entlang und durchquert ein kleines Tälchen. Zwei Minuten danach gehen wir an einem Weg nach rechts vorbei. Wir erreichen eine Reihe alter Höhlen, allesamt mit ihren eigenen ummauerten Gärten. Nach einer Minute erreichen wir den Ortsrand von **Manikata** (**2Std30Min**). Hier gehen wir einen Erdweg nach rechts bergab und folgen Telegrafenmasten. Nach drei Minuten stoßen wir bei einem WASSERTANK und einem GEHÖFT auf eine Straße, biegen nach rechts und erneut nach rechts; sogleich kommt rechts ein umgewandeltes Bauernhaus. Wir gehen am Eingang zur ALTEN MILITÄRBASIS (rechts) vorbei. Nach zwei Minuten, unmittelbar nach einer weiteren alten Militäranlage, wenden wir uns nach rechts zum GOLDEN SANDS HOTEL und der BUSHALTESTELLE in **Golden Bay** (Picknick 6b; gut **2Std40Min**).

WANDERUNG 7 MALTA: SELMUN PALACE • MGIEBAH VALLEY • BLATA L-BAJDA • MISTRA BAY • XEMXIJA

S. a. Fotos auf S. 12, 13 **Entfernung/Gehzeit:** 8 km; 2.10 Std.
Schwierigkeitsgrad: Ziemlich leicht. Aufstieg über 145 Höhenmeter und Abstieg über 200 Höhenmeter
Ausrüstung: Feste Schuhe, Sonnenhut, Schwimmzeug, Regenzeug, Proviant, Wasser
Anfahrt: 🚌 43, 44 oder 45 von Valletta zur Haltestelle des Hotels Selmun Palace (in der Nähe des Kreisels am Ortseingang von Mellieha; siehe die Karte auf Seite 58-59); Fahrzeit 45 Min.
Rückfahrt: 🚌 43, 44, 45 vom Ortsrand von Xemxija nach Valletta
Kurzwanderung 1: Selmun Palace — Mgiebah Bay — Selmun Palace (3,2 km; 50 Min.; leicht, mit einem Auf-/Abstieg über 100 Höhenmeter). Der Hauptwanderung durch das Mgiebah-Tal zur Bucht hinab folgen; auf demselben Weg zurückkehren.
Kurzwanderung 2: Selmun Palace — Blata l-Bajda — Selmun Palace (4 km; 1 Std.; leicht, ebenerdig). Die Straße vom Palast zum Fort Campbell nehmen und der Hauptwanderung von der 45Min- zur 1Std05Min-Stelle folgen; auf demselben Weg zurückkehren.
Kurzwanderung 3: Selmun Palace — Mistra Bay — Xemxija (1,5 km; 45 Min.; leicht, mit einem Abstieg über 90 Höhenmeter). Man schwenkt nach rechts um den Selmun Palace und wendet sich dann rechts auf einen Weg, der sich bergab schlängelt. Sobald man auf die Talstraße stößt, geht man nach links zur Mistra Bay. Man folgt der Hauptwanderung zur Bushaltestelle vor Xemxija.

Wer will schon den ganzen Tag am Strand liegen und in der Sonne braten, wenn es so viel zu entdecken gibt? Auf dieser Tour besuchen wir einen italienischen Palast, ein britisches Fort, eine portugiesische Redoute und vieles mehr.

Der barocke **Selmun Palace** trägt das Wappen des Monte di Rendenzione. Wir erreichen ihn über die Straße, die am Kreisel von der Mellieha/St Paul's-Straße abzweigt (ausgeschildert ›Selmun Palace Hotel‹); hier beginnt auch die Umgehungsstraße von Mellieha. Die Straße führt durch den Weiler Selmun; der Palast kommt nach etwa 800 m. **Startpunkt** ist das PALASTTURM, wo wir uns links auf den Weg wenden. Wir erreichen eine Kreuzung (**5Min**), an der wir nach rechts abbiegen und dem Sträßchen folgen, das sich in das **Mgiebah-Tal** hinabschlängelt. In diesem kleinen, versteckten Tal gedeihen Obst und Gemüse im Überfluß, und auch die Steineiche *(Quercus ilex)*, die einst die ganze Insel bedeckte, ist hier anzutreffen. Im Winter erklingt das Rauschen des Wassers in den steinernen Bewässerungskanälen.

Bei Erreichen eines BAUERNHAUSES (**15Min**) biegen wir nach rechts, um das Tal zu durchqueren. (Für Picknick 7a oder ein Bad im Meer kann man einen Abstecher durch das Tal zur Mgiebah Bay machen.) Man wendet sich erneut nach rechts (**17Min**) und folgt einem sehr schmalen Pfad, der von Dornbüschen gesäumt ist. Dann passiert man ein weiteres kleines landwirtschaftliches Gebäude. Eine Minute später wendet man sich links auf ein schmales Sträßchen, das durch eine Landschaft

Wanderung 7 Malta: Das Mgiebah-Tal und die Mistra-Bucht

mit kleinen, von Mauern parzellierten Feldern führt; es schlängelt sich zunächst nach links, dann nach rechts. Wir gehen bis zum Ende der Straße, wo sich ein kleiner WENDEPLATZ befindet. Hier bietet sich ein schöner Ausblick auf die bröckelnden erodierten Klippen (**25Min**). Von hier gehen wir fünf Minuten nach links bis zum **Ghajn Hadid Tower**, der seit einem Erdbeben, das vor langer Zeit stattgefunden hat, in Ruinen liegt. Hier machen wir eine Rast und genießen den herrlichen Ausblick. Dann kehren wir zum Wendeplatz zurück (**37Min**).

Unser nächstes Ziel ist das Fort Campbell. Wir folgen der Straße etwa eine Minute bergauf und biegen dann links auf einen Weg ab. Nach einer Minute halten wir nach einem schmalen Pfad zwischen zwei von Steinmauern begrenzten Feldern Ausschau. Wir steigen etwa fünf Minuten über aufgegebene Ackerterrassen auf, bis wir die Straße zur Geschützstellung erreichen. **Fort Campbell** (**45Min**) wurde 1936 errichtet. Zwei Linksbiegungen führen uns zwischen die alten Gebäude des Forts; wir halten uns stets links von der Außenmauer.

In einer scharfen Straßenkurve (**50Min**) biegen wir rechts auf den unteren von zwei Erdwegen ab und rutschen am Lehmhang zu den Salinen von **Blata l-Bajda** hinunter (**1Std05Min**; Foto Seite 13). Die blendend-weißen Felsen, das azurblaue Meer und die salzige Seeluft sind großartig. Bald erreichen wir einen

Mistra Valley

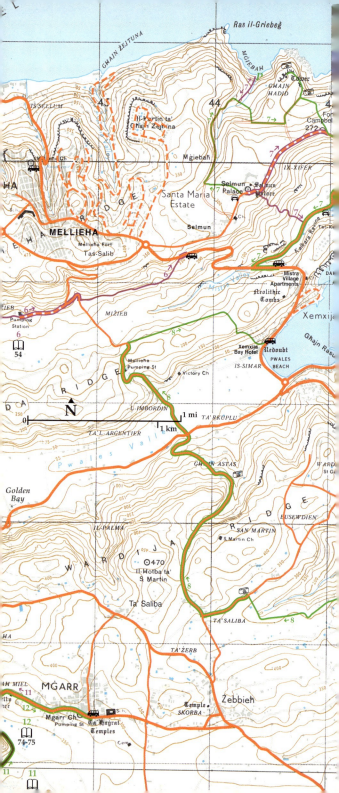

Wanderung 7 Malta

schönen Aussichtspunkt mit Blick über die St Paul's-Inselchen. Eine Statue erinnert an Paulus, der an dieser Stelle im Jahre 60 Schiffbruch erlitten haben soll. Der Pfad führt uns zu einem GESCHÜTZTURM und einer EINSTIEGSÖFFNUNG, die Zutritt zu einem Aussichtspunkt in den Klippen gewährt (**1Std 20Min**; die Abdeckung der Einstiegsöffnung fehlte zum Zeitpunkt der Recherchen).

Wir steigen etwas steiler zu den **Rdum il-Bies** (Habichtsklippen) und zur Landspitze **Ras il-Mignuna** auf, bevor wir zur **Pinto-Redoute** absteigen, die über die **Mistra-Bucht** wacht und heute von der Fischerei-Gesellschaft besetzt ist (Picknick 7b). Hier können wir im Meer baden. Ein abschließender Aufstieg durch ein intensiv landwirtschaftlich genutztes Tal führt uns zur HAUPTSTRASSE (**2Std05Min**). Etwa 250 m nach links (bergauf), am Ortsrand von **Xemxija**, liegt die Bushaltestelle (**2Std10Min**).

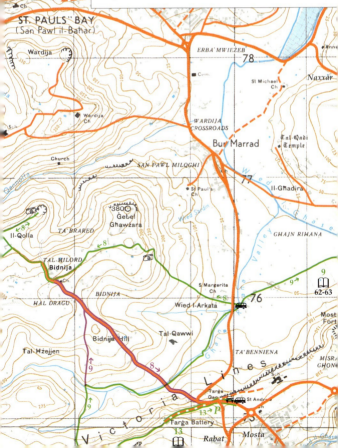

WANDERUNG 8 MALTA: WIED L-ARKATA • BIDNIJA • IL-QOLLA • PWALES VALLEY • XEMXIJA

Siehe die Karte auf S. 58-59   **Entfernung/Gehzeit:** 9,4 km; 2.50 Std
Grade: Leicht, mit einem Auf-/Abstieg über insgesamt 190 Höhenmeter
Ausrüstung: Feste Schuhe, Sonnenhut, Regenzeug, Proviant, Wasser
Anfahrt: 🚐 43, 44 or 45 von Valletta nach Mellieha (Abfahrten alle 20 Min.; Fahrzeit 40 Min.); in Wied l-Arkata aussteigen, der ersten Haltestelle nach das Targa Gap (wenn man aus Richtung Valletta kommt).
Rückfahrt: 🚐 43, 44 oder 45 vom Ortsrand von Xemxija nach Valletta
Kurzwanderung: Wied l-Arkata — Bidnija — Targa Gap (4 km; 1.15 Std.; leicht, mit einem Aufstieg über 100 Höhenmeter). Der Hauptwanderung bis zur Ortschaft Bidnija folgen, hinter der Kirche nach links biegen und der schmalen Straße zurück zur Hauptstraße folgen (sie mündet an einer Spitzkehre am Targa Gap ein). Rückfahrt von den öffentlichen Gärten am Ortsrand von Mosta (nur wenige Minuten östlich der Spitzkehre) mit dem 🚐 43, 44, 45, 49 oder 58 nach Valletta.

Weitab von Sand und Meer erkunden wir auf dieser Wanderung die schönsten Gebiete des Inselinneren Maltas. Die Tour beginnt und endet mit dem Besuch einer Kapelle. Unterwegs sehen wir archäologische Stätten aus der Bronzezeit, hübsche Bauernhäuser und ein abgeschiedenes, steilwandiges Tal. Stets begleiten uns herrliche Ausblicke.

Ausgangspunkt ist **Wied l-Arkata**: Vom BUSWARTEHÄUSCHEN gehen wir nach links (Westen), dem Wegweiser ›TRIQ GHAJN RIHANA‹ folgend. Nach 100 m setzt sich diese enge Straße als Weg weiter fort. Nachdem wir mehrere Häuser passiert haben, wandern wir allmählich zwischen Feldern bergauf. Der Weg biegt nach rechts und endet an einem TOR (**15Min**). Hier wenden wir uns nach links und folgen einem felsigen, überwucherten Fußweg durch hohes Gras hangaufwärts. Nach fünf Minuten erreichen wir eine Straße, der wir durch das bezaubernde abgeschiedene **Bidnija** bis zur Kirche folgen (**35Min**). Alles ist ruhig, nichts rührt sich, und die Fensterläden sind geschlossen. Nach der Kirche wenden wir uns nach rechts und biegen wenige Minuten später links in eine schmalere Straße; der unbefestigte Weg, der sich hangabwärts fortsetzt, bleibt unbeachtet.

Wir erreichen ein verlassenes Gehöft (gut **40Min**), biegen hier nach rechts und wenden uns nach wenigen Minuten um 90° nach rechts. Unser Ziel ist jetzt der oben abgeflachten, rundlichen Felsen **Il-Qolla** (›Fettbauchiger Krug‹; **50Min**), von wo sich ein schöner Ausblick bietet.

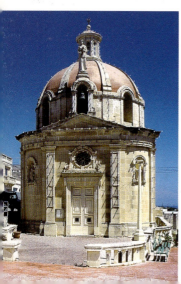

Die Kirche in Bidnija

Kapelle in Wied l-Arkata

Nun kehren wir zu dem Gehöft zurück und biegen rechts auf einen alten Karrenweg. Nach wenigen Minuten wenden wir uns erneut nach rechts. Wir erreichen ein CLUBHAUS VON TONTAUBENSCHÜTZEN (**1Std10Min**). Der Weg biegt um 90° nach links und schlängelt sich am Klippenrand oberhalb eines Wasserlaufs (**Wied Qannotta**) entlang. Nach fünf Minuten passieren wir ein Gehöft (links). An dieser Stelle gehen wir geradeaus weiter, um den Abstieg in den steilsten Talbereich und den Gegenanstieg zu vermeiden.

Wir passieren ein Haus und gehen nach einer Minute geradeaus auf einem grasigen Weg weiter. Bald erreichen wir die ST MARY'S FIREWORKS FACTORY (**1Std24Min**). Einige Minuten später biegen wir rechts auf einen sehr breiten Weg ab, der uns zur HÖHENSTRASSE führt, die von Wardija kommt (**1Std30Min**). Hier bieten sich schöne Ausblicke.

Auf dem nächsten Abschnitt ist die Wanderung leicht. Wir folgen der Straße nach links und biegen dann rechts auf die VERBINDUNGSSTRASSE ST PAUL'S BAY/ZEBBIEH (**1Std37Min**). Diese Straße führt uns an einem kleinen Heiligenschrein in einer Grotte vorbei (hinter einem Tor versteckt), wo es schattige Sitzgelegenheiten gibt. Zwei Minuten später erreichen wir den Eingang der VILLA SAN MARTIN. Danach wandern wir in das **Pwales-Tal** hinab. Unterwegs genießen wir den Ausblick bis nach St Paul's Bay hinab.

Wir stoßen auf die VERBINDUNGSSTRASSE ST PAUL'S BAY/GOLDEN BAY (**2Std10Min**), überqueren sie und gehen geradeaus auf der MIZIEB-STRASSE zum Weiler **L'Imbordin** weiter (**2Std20Min**). Geradeaus wandern wir an JOHN HOUSE vorbei und ansteigend entlang der hohen Mauer auf der rechten Seite weiter, die den ST JOHN'S-STAUSEE umgibt. Nach fünf Minuten gehen wir an einem rechts abzweigenden Weg vorbei, der in den Kiefernwald führt. Wir nehmen jedoch den nächsten Weg, der sogleich rechts in den Wald führt (direkt nach drei kleinen Bauwerken aus Stein, die zum Wasserleitungssystem gehören). Wie der vorhergehende Weg ist auch dieser für Motorfahrzeuge gesperrt.

Nach etwa 15 Minuten, unmittelbar nachdem wir aus dem Wald herausgetreten sind, wenden wir uns rechts auf einen anderen Weg (**2Std40Min**). Dieser Weg führt an einer uralten GRABHÖHLE und einem BIENENHAUS vorbei steil zum Ortsrand von **Xemxija** hinab. Etwa 100 m nordöstlich des HOTELS XEMXIJA BAY gelangen wir auf die HAUPTSTRASSE und Promenade, wo die Bushaltestellen in beide Richtungen liegen (gut **2Std50Min**).

WANDERUNG 9 MALTA: FALKA • WIED IL-GHAJN RIHANA • GHALLIS TOWER

S.a. das Foto auf S. 61. **Entfernung/Gehzeit:** 7 km; 2.10 Std.
Schwierigkeitsgrad: Leicht, jedoch zu Beginn ein holpriger Abstieg; nach Regen können manche Karrenwege schlammig sein. Aufstieg über 40 Höhenmeter, Abstieg 145 Höhenmeter.
Ausrüstung: Feste Schuhe, Sonnenhut, Regenzeug, Proviant, Wasser
Anfahrt: 🚌 47 von Valletta nach Mgarr/Golden Bay (Abfahrt alle 30 Minuten; Fahrzeit etwa 40 Minuten); an der Haltestelle 200 m westlich der Falka-Pumpstation an der Verbindungsstraße Mosta/Mgarr aussteigen.
Rückfahrt: 🚌 70 von der Küstenstraße nahe dem Ghallis Tower nach Bugibba oder St Julian's/Sliema

Kurzwanderung 1: Falka — Wied I-Arkata (2,4 km; 40 Min.; leicht, Abstieg: 85 m). Der Hauptwanderung von der Falka-Pumpstation zur kleinen Steinbrücke an der St Paul's Bay/Mosta-Straße folgen (🚌 43, 44, 45, 49 oder 58).

Variante: Falka — Bidnija — Xemxija (8,8 km; 2.50 Std.; Schwierigkeitsgrad wie bei der Hauptwanderung, aber Anstieg über 130 Höhenmeter und Abstieg über 230 Höhenmeter). Man folgt der Wegbeschreibung zur Furt (20Min) und geht geradeaus auf einem Weg hangaufwärts zur Verbindungsstraße Mosta/Bidnija (30Min). Nun begibt man sich links nach Bidnija und erreicht die auf Seite 60 abgebildete Kirche (35Min). Dann folgt man Wanderung 8 ab der 35Min-Stelle.

Auf dieser leichten Wanderung lernen wir ziemlich mühelos eine ländliche (teils sogar dramatische) maltesische Gegend kennen.

Der **Ausgangspunkt** liegt direkt östlich der FALKA-PUMPSTATION. Wir folgen dem schmalen Sträßchen, das bei einem Gehöft nach Nordosten führt. Dann (**5Min**) biegen wir links auf einen betonierten Feldweg. Er setzt sich als holpriger Weg fort, der die Talsohle des **Wied il-Ghajn Rihana** überquert und unmittelbar vor einer verfallenen Hütte und einem WEINBERG nach rechts biegt. Drei Minuten später durchqueren wir einen Bach an einer Furt (**20Min**). Dann wenden wir uns rechts auf einen anderen Weg, passieren einen kleinen STAUDAMM und gehen zur VERBINDUNGSSTRASSE MOSTA/BIDNIJA weiter (**30Min**). Wir überqueren die Straße und halten uns auf der rechten Talseite. Kurz danach (bei einem weiteren STAUDAMM) folgen wir einem schmalen Pfad, der am Rande der gegenüber abgebildeten Felder verläuft, zur linken Talseite.

Dann erreichen wir einen dritten STAUDAMM (**40Min**). Wir wandern hier geradeaus

Auf der Mosta/Bidnija-Straße

weiter zu einer STEINBRÜCKE, die in **Wied l-Arkata** über die Verbindungsstraße St Paul's Bay/Mosta führt (wo Wande-

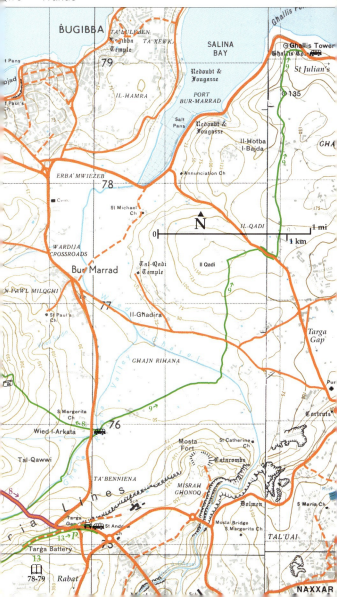

64 Landschaften auf Malta, Gozo und Comino

rung 8 beginnt). Wir überqueren die Straße und gehen geradeaus auf einem holprigen Weg weiter, der etwa 60 m flussabwärts von der Brücke an einer Furt durch den Wied führt. Wir gehen am ersten Weg vorbei, der links abzweigt, nehmen jedoch die *zweite* Linksabzweigung und passieren einige landwirtschaftliche Gebäude. Fort Mosta und die Victoria Lines stehen strategisch auf der Klippe zu unserer Rechten, doch unsere Route bleibt in tieferem Gelände und führt durch den **Wied Il-Ghasel**.

Wir überqueren die VERBINDUNGSSTRASSE SAN PAWL TAT-TARGA/ BUR MARRAD (**1Std10Min**) und gehen geradeaus auf einem alten Fußweg zwischen Steinmauern weiter. Dieser Weg steigt zur Anhöhe **Il-Qadi** (55 m) an. Nach 15 Minuten stoßen wir bei einem landwirtschaftlichen Gebäude auf einem Querweg, dem wir nach rechts folgen. Wir gelangen auf die VERBINDUNGSSTRASSE SAN PAWL TAT-TARGA/SALINA BAY, der wir nach rechts folgen. Ein paar Minuten später wenden wir uns links auf eine Straße (bei der VILLA FREIBUSA) und passieren nach gut einer Minute das Gehöft SALVATORE (rechts). *Vorsicht: angekettete Hunde!*

Wir befinden uns nun auf dem HÖHENWEG. Die weiten Felder werden von flachem, offenen, felsigen Land abgelöst, dem *misrah*. Wir folgen einem Karrenweg (ein kurzer Abschnitt kann nach starkem Regen überflutet sein) und erblicken bald die Salina Bay. Am **Ghallis Tower** (im 17. Jh. von Großmeister Martin de Redin erbaut; **2Std10Min**) endet die Wanderung. Unten an der HAUPTKÜSTENSTRASSE können wir den Bus besteigen.

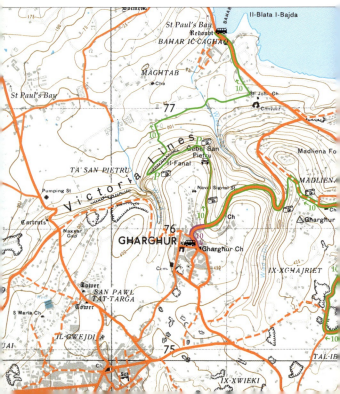

WANDERUNG 10 MALTA: ST JULIAN'S • MADLIENA • GHARGHUR • MAGHTAB • BAHAR IC-CAGHAQ

Siehe auch das Foto auf Seite 16-17

Entfernung/Gehzeit: 8,8 km; 2.05 Std.

Schwierigkeitsgrad: Überwiegend leicht; gemächlicher Aufstieg nach Madliena und Gharghur. Auf-/Abstieg über insgesamt 170 Höhenmeter

Ausrüstung: Feste Schuhe, Sonnenhut, Schwimmzeug, Regenzeug, Proviant, Wasser

Anfahrt: 🚐 62, 63, 67 oder 68 von Valletta nach St Julian's (Abfahrt alle 5 Minuten; Fahrzeit etwa 30 Minuten); am Polizeirevier aussteigen
Rückfahrt: 🚐 70 von Bahar ic-Caghaq nach Bugibba und Sliema, oder 🚐 68 nach Sliema und Valletta

Kurzwanderung 1: St Julian's — St Andrew's (4 km; 55 Min.; anfänglich mittelschwer, dann leicht, mit einem Aufstieg über 90 Höhenmeter). Der Hauptwanderung zur Querstraße Triq Ta' l-Ibrag folgen, rechts abbiegen und der Straße bis zur Kreuzung mit der St Julian's/Bugibba-Küstenstraße in St Andrew's folgen. Von der Haltestelle mit dem 🚐 67 nach Valletta zurückfahren.

Kurzwanderung 2: St Julian's — Gharghur (6,4 km; 1.30 Std.; Schwierigkeitsgrad wie Hauptwanderung). Der Hauptwanderung bis Gharghur folgen und mit dem 🚐 55 nach Valletta zurückfahren.

Diese ungewöhnliche Wanderung beginnt in der Nähe der Ufercafés und Restaurants in St Julian's und führt uns durch eines der begehrtesten Wohngebiete Maltas. Anschließend besuchen wir ein friedvolles Dorf auf einer Anhöhe; hier bieten

66   Landschaften auf Malta, Gozo und Comino

sich hinreißende Ausblicke. Schon unser Ausgangspunkt biete[t] eine ganze Reihe von Sehenswürdigkeiten. Im 16. Jh. lag di[e] türkische Invasionsflotte hier im Hafen vor Anker. Zweihunde[rt] Jahre später ließ Napoleon Malta besetzen; sein Angriff began[n] in dieser Gegend. 1688 ließ ein General des Johanniterordens Paolo Rafel Spinola, den Spinola-Palast errichten; die herrlich[e] Gartenanlage ist der Öffentlichkeit zugänglich.

Am POLIZEIREVIER von **St Julian's** folgen wir **zunächst** recht[s] der TRIQ WIED GHOMOR. Nach Passieren der modernen Pfarr[-]kirche gehen wir rechts eine BETONRAMPE hinauf (**3Min**). Sogleich biegen wir links in die TRIQ IL-MENSIJA; sie führt uns auf eine[n] Weg unter einer riesigen STRASSENBRÜCKE (**5Min**). Es bietet sich ein kontrastreicher Ausblick: An den oberen Talhängen breite[t] sich Häuser aus, während der Talboden noch landwirtschaftlich genutzt wird. Nachdem wir ein einstöckiges Haus mit um[-]mauertem Garten umgangen haben, vereint sich unser Weg mi[t] einem Weg, der von links kommt. Wir stoßen auf eine Straße (**15Min**), die wir nach links hinaufgehen. Nach knapp 50 [m] gehen wir rechts über urbar gemachtes Land und folgen nach einer Minute einem schmalen Weg zwischen hohen Feld[-]mauern; am Horizont kommt ein Hotel in Sicht. Nach zwe[i] Minuten gehen wir an einer Linksabzweigung vorbei geradeau[s] weiter bergauf. Zwei Minuten später schwenkt der Weg nach links und führt zu einem verlassenen, unvollendeten Haus (**21Min**). Wir umgehen dieses Haus rechts. Man sollte sich *nicht* verleiten lassen, geradeaus weiterzugehen, da man dann in die Felder gelangen würde. Stattdessen halten wir nach einem Pfad (nicht leicht erkennbar) auf der Nordwestseite des Hauses Ausschau und folgen diesem Pfad. Der nächste Orientie[-]rungspunkt ist ein kleines Haus mit schönen Pflanzen. Hier bietet sich eine schöne Sicht auf Valletta und St Julian's.

Der Pfad führt in ein Wohn[-]gebiet (**27Min**); rechts stehen große Villen (darunter AURORA). Wir gehen geradeaus weiter, stoßen auf eine Querstraße (etwa **30Min**) und biegen nach rechts in die TRIQ IL-BARMIL. Wir passieren eine kleine Grün[-]anlage und einen Kinderspiel[-]platz mit einer Telefonzelle und

Die Kapelle Mariä Himmelfahrt (16. Jh.) erhebt sich oberhalb gepflegter Ackerterrassen in Gharghur.

Wanderung 10 Malta: St Julian's • Gharghur • Bahar ic-Caghaq

sitzen. Nach etwa drei Minuten stoßen wir auf die TRIQ TA' L-IBRAG und biegen nach links. (Falls man allerdings eine Kaffeepause einlegen möchte, kann man zunächst nach *rechts* gehen, um nach 200 m ein Hotel mit herrlichem Ausblick zu erreichen; anschließend kehrt man zurück und folgt der Triq Ta' l-Ibrag.) Unser nächster Orientierungspunkt ist ein kleiner Befestigungsturm. Zwei Minuten danach stoßen wir auf eine Querstraße und folgen der TRIQ IL-MADLIENA nach rechts (bei einem großen, modernen Haus namens CARO COTTAGE). Nach wenigen Metern auf dieser Straße kann man links einen Blick über die Mauer werfen: Ein alter Steinbruch wurde aufgefüllt; umgeben von Zitrusbäumen liegen hier ein Swimmingpool und ein Tennisplatz, die zu einem großen Haus namens VILLINGEN gehören.

Wir passieren zwei weitere alte Steinbrüche und gehen dann geradeaus nach **Madliena** hinab (**45Min**). An einer komplizierten Kreuzung, die neben dem MYSTIQUE-NACHTCLUB und mehrerer Villen liegt, gehen wir geradeaus weiter. An einer weiteren Straßenverzweigung, an der einige schöne alte Herrenhäuser (darunter die VILLA RIMIGIO) stehen, gehen wir geradeaus weiter. Wir passieren eine kleine KIRCHE (links; **1Std**). Gleich darauf stehen mehrere Bauernhäuser am Straßenrand, die teilweise in Villen umgewandelt wurden. Unmittelbar danach bietet sich ein schöner Blick auf das Madliena-Tal, das vom Fort Madliena (1880 von den Briten errichtet und bis heute militärisch genutzt) beherrscht wird.

Wir gehen an einer Linksabzweigung (Triq Wied id-Dis) vorbei und passieren nach knapp einer Minute die VILLA

68   Landschaften auf Malta, Gozo und Comino

MADELENA. Dann folgen wir einem Pfad, der neben einer eingebrochenen Mauer und Telegrafenstangen links bergab führt. Über diesen Pfad gelangen wir auf eine Allee, die von Villen und den BUSIETTA GARDENS APARTMENTS gesäumt ist. Wir gehen weiter bergab und überqueren auf einer Brücke den **Wied id-Dis** (**1Std10Min**).

Wir folgen der ruhigen Straße in Richtung des Dorfes Gharghur. Nach etwa zehn Minuten passieren wir ein Haus (links) mit einem langen Garten. Eine italienische Inschrift erinnert daran, dass hier die britischen Befehlshaber der Dorfgarnison während der Herrschaft König George III. wohnten. Etwa 100 m danach kommt eine gepflegte Kapelle, die 1560 erbaut wurde und **Mariä Himmelfahrt** geweiht ist. Nach weiteren 100 m kommt der nächste Orientierungspunkt, ein modernes Haus namens VILLA SUZIE.

Wir biegen rechts in die TRIQ GHAXQET L-GHAJN (geradeaus würde man in die Ortsmitte von **Gharghur** gelangen). Vor dieser Straße bietet sich ein schöner Blick auf die Mariä Himmelfahrts-Kapelle (Foto auf Seite 66-67). Nach knapp zehn Minuten erreichen wir die **Victoria Lines** (**1Std15Min**; Picknick 10a), wo sich ein herrlicher Ausblick bietet, der von der Maghtab Plain (unterhalb von uns) nach St Paul's Bay, nach Comino und sogar bis zur Kuppel der Kirche von Xewkija auf Gozo reicht. Die Victoria Lines (Foto gegenüber) wurden in den Jahren 1870 bis 1899 von den Briten auf einem hohen Bergrücken angelegt, um Valletta und die andere Städte um der Grand Harbour vor einer feindlichen Invasion auf der nördlichen Inselseite zu schützen.

Knapp zehn Minuten folgen wir den Victoria Lines, bis wir auf eine Straße stoßen. An dieser Stelle gibt es einen kleinen GARTEN mit Sitzgelegenheiten (Picknick 10b). Wir wenden uns hier nach rechts und gehen auf der sich verschlechterten asphaltierten Fahrbahn zur **Maghtab**-Ebene hinab (vorbei an einem Gehöft zur Linken). Es geht weiter zu einer Querstraße bei einem Haus namens IL-BEJTA (**1Std45Min**), der wir nach rechts folgen. An der Stelle, wo wir den Wied durchqueren, steht die PARADISE FARM — Wasser ist für die meisten Malteser geradezu paradiesisch!

Hinter der **St John's Church** (**1Std45Min**) stoßen wir auf die Küstenstraße. Dies ist nun *die* Gelegenheit, die touristischen Weihen zu erlangen: Wir wenden uns nach links und besuchen den **Bahar ic-Caghaq** Water Park (**2Std05Min**), ehe wir außerhalb des Geländes den Bus besteigen.

WANDERUNG 11 MALTA: BINGEMMA GAP • NADUR TOWER • BINGEMMA FORT • -ISKORVIT • GOLDEN BAY

Entfernung/Gehzeit: 8 km; 2.05 Std.

Schwierigkeitsgrad: Sehr leicht; nur an den Klippen ist es etwas beschwerlich; Aufstieg: 70 Höhenmeter, Abstieg 240 Höhenmeter

Ausrüstung: Feste Schuhe, Sonnenhut, Schwimmzeug, Regenzeug, Proviant, Wasser

Anfahrt: 🚌 80 von Valletta nach Rabat (Saqqajja). Abfahrt alle 10 Minuten; Fahrzeit etwa 35 Minuten. Dann Taxi zum Bingemma Gap an der Mgarr-Straße. (Man kann auch bis zur letzten Haltestelle vor dem Busugrilla-Kreisel im Wohngebiet Nigred in Rabat fahren; Fahrzeit etwa 40 Min.; dann geht man 2,4 km zum Bingemma Gap.)
Rückfahrt: 🚌 47 von Golden Bay nach Valletta

Kurzwanderung 1: Bingemma Gap — Tas-Santi — Bingemma Gap (6,4 km; 1.30 Std.; leicht, mit einem Auf-/Abstieg über insgesamt 140 Höhenmeter). 🚌 zum Bingemma Gap. Der Hauptwanderung bis Tas-Santi folgen. Im Ortszentrum rechts auf ein sehr schmales Sträßchen abbiegen. Etwa 1,5 km weitergehen und dann erneut rechts auf ein schmales Sträßchen abbiegen; es führt zum Bingemma Gap zurück

Kurzwanderung 2: Mgarr — Golden Bay (4 km; 1 Std.; sehr leicht, mit einem Abstieg über 90 Höhenmeter). Von der Kirche in Mgarr (🚌 47; Foto Seite 20) die Gnejna-Straße nach Westen gehen. Nach einem Haus namens Zammitello Palace an der Kreuzung rechts abbiegen, um von hier der Hauptwanderung ab der 1Std20Min-Stelle zu folgen.

D**iese Wanderung hat viel zu bieten — einen römischen Friedhof, ein britisches Fort, Wachttürme, ein liebliches Tal und zum Abschluß eine hinreißende Küstenlandschaft.

Ausgangspunkt ist das **Bingemma Gap** (Picknick 11a); die kleine Kapelle ist das erste bezaubernde Motiv dieser Wanderung. Wenn wir an der Kapelle stehen und in die Richtung blicken, aus der wir gekommen sind, erkennen wir links einige aus dem Fels gehauene Grabmäler, angeblich ein RÖMISCHER FRIEDHOF. Auf dieser Talseite sind außerdem die **Dwejra Lines** zu sehen, Teil des Verteidigungssystems der Victoria Lines; Wanderung 13 führt durch dieses Gebiet. Wir wandern auf dem ruhigen, schmalen Sträßchen nach Süden hinunter und biegen an einer Kreuzung (**5Min**) nach rechts ab. Am **Nadur Tower** (240m; **15Min**) haben wir eine der höchsten Stellen auf Malta

Die Victoria Lines am Bingemma Gap

70   Landschaften auf Malta

erreicht. Am Turm gehen wir rechts eine Straße hinab, die sich bei einem Bauernhaus zu einem Pfad verschlechtert; man muss um Erlaubnis bitten, um das Gehöft zu durchqueren.* Direkt unterhalb des Bauernhauses halten wir nach einer Lücke in der Mauer am Straßenrand Ausschau und folgen einem ziemlich ebenen, aber etwas zugewachsenen Pfad zwischen Mauern zum **Bingemma Fort** (**25Min**). Dieses viktorianische Fort, das zuletzt im 2. Weltkrieg benutzt wurde, besitzt noch das ursprüngliche Wappen und eine Zugbrücke. Wir genießen schöne Ausblicke auf die Ortschaft Mgarr, einen Großteil Nordmaltas und Gozo. Im Frühjahr gedeiht an den Hängen wilder Spargel.

Wir umgehen den Graben und das Tor mit der Zugbrücke und folgen der Zufahrtsstraße nach Süden. *Hier kann man sich leicht verlaufen,* denn die auf der Karte eingezeichneten ›Nebenstraßen‹ sind in Wirklichkeit *sehr* schmal; überdies münden von allen Seiten Wege ein. *Bitte die Wegbeschreibung genau beachten.* Wir halten uns links, wo ein Weg von rechts heranführt (**30Min**), und biegen sogleich nach rechts. Nach etwa 250m biegen wir an einer Kreuzung rechts ab; hier sind VORGESCHICHTLICHE DOPPELRILLEN zu sehen. Das entzückende Bauernsträßchen verläuft etwa 300 m nach Westen, bevor es in nördliche Richtung bergabführt. Wir genießen den Blick auf das Tas-Santi Gap sowie das Tal — im Frühjahr zur Zeit der Obstblüte ein ganz besonders schöner Anblick.

Wir umgehen den Weiler **L-Iskorvit** (**1Std**) und halten nach *Orchis collina* sowie der Zwergiris Ausschau. Dann stoßen wir auf die MGARR/GNEJNA BAY-STRASSE (**1Std20Min**) und überqueren sie. Nach fünf Minuten biegen wir oben auf der Anhöhe (unmittelbar nach dem Bauernhaus VILLA COPPERSTONE) links auf einen steinigen Weg ab. Rechts oben am Hang steht der Zammitello Palace, ein palastartiges Landhaus. Nach zehn Minuten erreichen wir den **Lippija Tower** (**1Std35Min**; Picknick 11b).

*Alternativ kann man sich am Turm auch nach links wenden. In 10 Min. (25Min) erreicht man einige Häuser an einer Querstraße. An einem Haus namens Orangeville biegt man nach rechts. Nach einigen Metern nimmt man bei einem Unterstand, wo die Straße nach links biegt, einen holprigen Weg, der zwischen Steinmauern bergab führt. Nach 5 Min. wendet man sich nach rechts bergauf, um das Bingemma Fort zu erreichen (35Min). Zehn Minuten zu allen Zeitangaben hinzurechnen.

Der Turm bewacht die **Gnejna Bay**, die unten im Sonnenschein schimmert. Es bieten sich atemberaubende Ausblicke hinüber nach Il-Pellegrin (›Der Wandersmann‹; Wanderung 12). In den Felswänden öffnen sich bronzezeitliche Grabhöhlen.

Wir folgen dem Pfad am Klippenrand entlang (nicht zu nahe an die Abbruchkante treten; bei Regen Steinschlaggefahr). Wir blicken auf die ›Flache-Felsen-Bucht‹ und den ›Dinosaurier‹ hinab — jenen sonderbaren Rücken aus blauem Ton, der die Anhöhe, auf der wir uns befinden, mit dem ›Schlachtschiff‹ (Il-Karraba) verbindet. Sobald von rechts eine Feldmauer kommt (**1Std45Min**), nimmt man links einen Pfad. Er setzt sich als Weg fort, verläuft an einigen STAUBECKEN vorbei und führt dann zum verlassenen und verfallenen HOTEL RIVIERA MARTINIQUE in **Ghajn Tuffieha Bay** (**2Std**). Wir wandern nach **Golden Bay** und der BUSHALTESTELLE weiter (**2Std05Min**).

WANDERUNG 12 MALTA: RABAT (BUSUGRILLA) • CHADWICK LAKES • MTAHLEB • IL-QLEJGHA • BAHRIJA • GNEJNA BAY • MGARR

Entfernung/Gehzeit: 16,6 km; 4.55 Std.

Schwierigkeitsgrad: Insgesamt leicht, doch ein steiler Abstieg nach Fomm ir-Rih und Gnejna; Trittsicherheit und Schwindelfreiheit sind erforderlich. Aufstieg: 140 Höhenmeter, Abstieg: 300 Höhenmeter

Ausrüstung: Feste Schuhe, Sonnenhut, Schwimmzeug, Regenzeug, Proviant, Wasser

Anfahrt: 🚌 80 von Valletta nach Rabat. Abfahrt alle 10 Minuten, Fahrzeit 40 Minuten. Der Bus fährt im Uhrzeigersinn durch Rabat und hält in 100 m Entfernung vom Busugrilla-Kreisel in der Wohnsiedlung Nigred, wo die Wanderung beginnt.

Rückfahrt: 🚌 47 von Mgarr nach Valletta

Kurzwanderung 1: Rabat (Busugrilla) — Chadwick Lakes — Fiddien Bridge — Rabat (Busugrilla) (3.5 km; 45 Min.; leicht, mit einem Auf/Abstieg über 60 Höhenmeter). Man folgt der Wegbeschreibung bis zur Fiddien-Brücke und kehrt über die ›Schlecht-Wetter-Route‹ (in umgekehrter Richtung) zurück.

Kurzwanderung 2: Rabat (Busugrilla) — Chadwick Lakes — Fiddien Bridge — Mtahleb — Il-Qlejgha — Bahrija (8 km; 2 Std.; leicht, mit einem Auf-/Abstieg über 90 Höhenmeter). Man folgt der Wegbeschreibung ins Ortszentrum von Bahrija und nimmt 🚌 80 nach Rabat *(verkehrt nur viermal am Tag).*

Variante 1: Rabat (Busugrilla) — Chadwick Lakes — Dwejra Lines — Mosta (7.8 km; 2.10 Std.; leicht, mit einem Aufstieg über 60 Höhenmeter und einem Abstieg über 175 Höhenmeter). Man folgt der Hauptwanderung zu den Chadwick Lakes und überquert die Brücke (15Min). Dann biegt man nach rechts und sofort nach links, um sich Wanderung 13 an der 1Std10Min-Stelle anzuschließen. Rückfahrt wie Wanderung 13.

Variante 2: Rabat (Busugrilla) — Fiddien Bridge — Ghemieri — Tas-Santi — Mgarr (9.8 km; 2.35 Std.; leicht, mit einem Aufstieg über 115 Höhenmeter und einem Abstieg über 200 Höhenmeter). Man folgt der Wegbeschreibung (›Schlecht-Wetter-Route‹) zur Fiddien-Brücke und biegt nach rechts. Es geht am Fiddien-Stausee und dem Weiler Ghemieri vorbei. Man erreicht ein großes, von einer Mauer umgebenes Anwesen mit hohem schwarzen Tor, an dem man nach rechts biegt. Nachdem man ein Bauernhaus mit Außentreppe zum ersten Stock passiert hat, wendet man sich nach links und nach knapp einer Minute erneut nach links. Dann schließt man sich Wanderung 11 an der 30Min-Stelle an und folgt ihr bis zum Ende.

Variante 3: Mgarr — L-Iskorvit — Mgarr (8 km; 3 Std.; leicht, fast ebenerdige Wanderung). Mgarr auf der Gnejna Bay-Straße verlassen, an der Kreuzung am Anfang des Gnejna-Tals nach links biegen und der schmalen Straße durch den Weiler L-Iskorvit folgen. Sehr bald schon auf ein rechts abzweigendes Sträßchen abbiegen (unmittelbar danach würde ein Abstecher nach rechts zu einem Aussichtspunkt über das Halqun-Tal führen) und am Ortsrand von Ta' l-Abatija rechts halten nach Fomm ir-Rih. Der Hauptwanderung ab der 3Std-Stelle folgen.

Diese Tour führt uns in den abgelegensten Winkel Maltas, und wir genießen echte Einsamkeit. Obwohl die Wanderroute auf der Karte einfach aussieht, komplizieren mehrere Nebenstraßen den Wegverlauf erheblich. Auf Malta ist es häufig

Wanderung 12 Malta: Rabat • Chadwick Lakes • Mgarr

hwierig, Nebenstraßen eindeutig voneinander zu unterscheien, denn sie sehen sich alle recht ähnlich. Unser Wanderweg t bestimmt nicht langweilig: Er verläuft am Rande der Klippen nd führt zwischen den einzelnen Landzungen immer wieder ι Buchten hinunter.

Ausgangspunkt ist der BUSUGRILLA-KREISEL im Wohngebiet ligred in **Rabat**. *Bei schönem Wetter* folgen wir der Straße in ichtung Mtarfa*. Nach etwa drei Minuten, wo die Straße scharf ach rechts schwenkt, biegen wir links auf ein schmales Sträßhen, das in die Sohle des **Qlejgha-Tals** hinabführt. Wir überueren die Brücke über einen der **Chadwick Lakes** (**15Min**) und iegen nach links. Nach etwa zwei Minuten passieren wir eine ückhaltemauer, die zur Verhinderung von Erosionsschäden ient. Nun wenden wir uns links auf den unteren Weg neben em Wasserlauf. Wir passieren eine weitere BRÜCKE und einen TAUDAMM; danach verläuft der Weg im Flussbett (etwa **22Min**). ine Minute später erreichen wir den LETZTEN STAUDAMM. Hier ühren Stufen zu einem Pfad hinauf, der parallel zum zunehnend schmaleren Flussbett verläuft.

Unsere Wanderroute führt unter einer BRÜCKE hindurch, auf ler VERBINDUNGSSTRASSE RABAT/TAS SALIB/BINGEMMA GAP verläuft. Vir sehen weitere Maßnahmen zur Erosionsverhinderung an len Hängen, und von rechts mündet ein kleiner Seitenfluss ein **Wied Ghomor**; **30Min**). Bald danach gehen wir unter der TRASSENBRÜCKE RABAT/GHEMIERI hindurch. Vor uns finden veitere Baumaßnahmen statt, darunter eine kleine FUSSGÄNGERBRÜCKE aus Stahl, die überhaupt nicht in die Landschaft passt; rielleicht stammt sie von einem Hafen oder einem Kanal. Wir lürfen nicht über diese Brücke gehen, sondern bleiben am inken Flussufer und wenden uns bald an einem kleinen Feld ind einer Windmühle nach links, um die VERBINDUNGSSTRASSE RABAT/MTAHLEB an der **Fiddien-Brücke** zu erreichen (**35Min**). Hier wenden wir uns nach rechts. Auf der anderen Seite der Brücke kommt ein kleiner Picknickplatz; eine Tafel erinnert an die Einweihung des Bauprojekts durch den Premierminister am 2. Dezember 1997.

Bis hierher verlief die Wanderung hauptsächlich in der abgeschiedenen Umgebung eines der tiefsten Flusstäler auf Malta. Der Ausblick weitet sich, während wir uns nach links in Richtung ›Mtahleb‹ wenden. (Nach rechts käme man zum Fiddien-Stausee und nach Bahrija.) Wir gehen an der ABZWEIGUNG NACH DINGLI (und Wanderung 14) vorbei, die nach etwa 20 Minuten kommt (**55Min**).

Wir erreichen **Mtahleb** (**1Std15Min**), ein kleines abgelegenes Dorf, bestehend aus einer Kirche auf dem Klippenrand, ein paar Häusern und einem ehemaligen Schulhaus, das heute eine ›SATU‹ (Substance Abuse Therapeutic Unit — Drogen-Reha) beherbergt. Wir gehen an beiden Linksabzweigungen zur Kirche

*Bei Nässe folgt man der Ausschilderung nach Fiddien, um nach etwa **10 Min.** die **Fiddien-Brücke** zu erreichen. Nun schließt man sich der Wegbeschreibung an der 35Min-Stelle an.

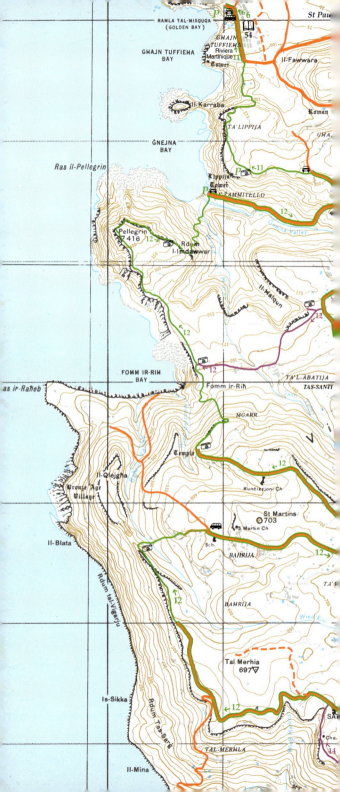

76 Landschaften auf Malta, Gozo und Comino

vorbei und bleiben auf dem höhergelegenen Gelände. Nach zwei Minuten biegen wir links auf ein schmales, schlecht geteertes Sträßchen ab, das auf dem Hochplateau verläuft. Eine Minute später wenden wir uns nach rechts und gehen dicht am Klippenrand entlang. Etwa 25 Minuten nach Verlassen von Mtahleb biegen wir nach links (die Straße, die in Serpentinen zur Küste hinabführt, bleibt unbeachtet) und wenden uns dann nach rechts. Fünf Minuten später setzt sich die Straße als WEG fort (**1Std 45Min**). Auf der Karte sah alles so einfach aus! Wir blicken nun auf ein langes ovales Hochplateau, auf dem einst eine befestigte Siedlung aus der Bronzezeit lag. Im Frühling blühen hier Wildblumen in Hülle und Fülle; den herrliche Blick auf den Norden Maltas und Gozo kann man zu jeder Jahreszeit genießen.

Nach fünf Minuten auf dem Weg biegen wir rechts auf einen anderen Weg ab und wandern in den **Wied Rini** hinab. Auf der gegenüberliegenden Talseite ist das schmale Sträßchen sichtbar, das in das kleine Dorf Bahrija führt. Es gibt hier viele ›Privat‹-Schilder, aber sie beziehen sich auf die Felder und Hütten am Wegesrand und nicht auf den eigentlichen Weg. Nach knapp fünf Minuten überqueren wir den Wasserlauf und wandern ansteigend aus dem Tal. Der Weg stößt auf den Anfang einer Straße, die nach Bahrija führt. Es folgt ein steiler dreiminütiger Anstieg. Wir kommen nach **Bahrija** (**2Std**) hinein und gehen geradeaus weiter (gegenüber einem Haus namens NEW ARK). Nach zwei Minuten biegen wir an einer Straßenverzweigung nach rechts. Nach einer weiteren Minute erreichen wir die BUSHALTESTELLE, einen Laden und eine Restaurantbar in der Ortsmitte. Diese abgeschiedene Ansiedlung war bis vor kurzer Zeit ziemlich klein, aber jetzt herrscht ein gewisser Bauboom, da viele Leute aus den überfüllten Wohngebieten wegziehen.

Wir verlassen das Dorf auf der ›Hauptstraße‹ in Richtung Rabat. Nach 15 Minuten (direkt nach einem SENDEMAST; **2Std15Min**) biegen wir scharf links zur Küste zurück. An dieser Abzweigung stehen (wie an den meisten Nebenstraßen in diesem Teil Maltas) keine Wegweiser. Nach zehn Minuten passieren wir das ALCAZAR GUEST HOUSE, wo es eine Restaurantbar gibt (die letzte Gelegenheit für eine Erfrischung bis zur Gnejna Bay). Nach weiteren fünf Minuten erreichen wir die schöne Kirche in **Kuncizzjoni** (**2Std30Min**). Auf dem Tor daneben steht die Inschrift ›Fondazione Paola‹, was sich auf ihren Gründer bezieht, den Großmeister Antione de Paule.

Etwa zehn Minuten später erreichen wir das Ende der Straße, mit herrlichem

Blick nach Süden über Mtahleb; am Horizont die Kirchenkuppel von Dingli

Blick auf die Nordwestküste Maltas mit Gozo in der Ferne. Wir haben hier auch das westliche Ende der **Victoria Lines** erreicht. Nun folgen wir einem Fußweg fünf Minuten und passieren einen BUNKER, der in die Felswand hineingebaut wurde (**2Std 45Min**). Dann folgen wir einem schmalen Pfad, der steil etwa 55 Höhenmetern bergab führt, bis wir die **Fomm ir-Rih Bay** erreicht haben (**3Std**). Der Pfad setzt sich kurz als geteerter Feldweg fort und endet an einem Gehöft an der Landenge **Il Pellegrin** (›Der Wandersmann‹; **3Std15Min**). Von hier gehen wir am Klippenrand entlang weiter, *halten aber einen gewissen Sicherheitsabstand ein*. Eine Bresche in den Klippen, durch die ein Weg hinabführt, gewährt einen herrlichen Blick zurück in die Richtung, aus der wir gekommen sind.

Wir gehen über sehr felsiges Gelände bergauf, bis wir den Gipfel erreichen. Hier befand sich vermutlich eine phönizische Siedlungsstätte. Der Blick fällt auf übereinandergetürmte Felsmassen hinab. Im Frühling riecht die Luft nach Thymian. Wir umgehen den Kamm der Anhöhe und folgen dabei dem Klippenrand (auf die Steinmännchen achten!). Unterwegs genießen wir herrliche Ausblicke auf die Küste. An einer Stelle namens **Rdum l-Imdawwar** (Runde Klippe; **3Std55Min**) nehmen wir einen steil absteigenden Pfad, der unter den Klippen an der Abbruchkante entlangführt. *Vorsicht!* Beim Abstieg fallen die waagrechten, bräunlichen und grauen Gesteinsbänder auf, die über die Felswände verlaufen. Der Pfad führt im Zickzack zur **Gnejna-Bucht** hinunter (**4Std15Min**; Picknick 12).

Hier können wir eine Pause einlegen, bevor wir die steile Straße durch das Tal zur Kirche von **Mgarr** hinaufgehen (**4Std 55Min**; Foto Seite 20). Aufgrund der Form ihrer Kuppel, aber auch, weil der Bau größtenteils durch den Verkauf von Eiern finanziert wurde, ist sie als ›Eier-Kirche‹ bekannt.

WANDERUNG 13 MALTA: MOSTA • QLEJGHA VALLEY • CHADWICK LAKES • DWEJRA LINES • MOSTA

Siehe auch Foto Seite 69   **Entfernung/Gehzeit:** 11,2 km; 3 Std.
Schwierigkeitsgrad: Mittelschwer; teilweise etwas beschwerlich; Auf-Abstieg über insgesamt 115 Höhenmeter
Ausrüstung: Feste Schuhe, Sonnenhut, Regenzeug, Proviant, Wasser
Anfahrt: 🚍 43, 44, 53 oder 58 von Valletta nach Mosta. Abfahrt alle 10 Minuten; Fahrzeit etwa 30 Minuten
Rückfahrt: 🚍 43, 44, 45, 49 oder 58 vom öffentlichen Garten am Targa Gap (am Ortsrand von Mosta) nach Valletta

Kurzwanderung 1: Chadwick Lakes — Il-Qolla — Chadwick Lakes (4 km; 1 Std.; mittelschwer, mit einem Auf-/Abstieg über 55 Höhenmeter). 🚗 Nur mit dem Auto möglich. Vom Busugrilla-Kreisel der Mtarfa/Rabat-Umgehungsstraße nach Nordosten folgen; die Seen sind links ausgeschildert. Die schmalen Straße hinabfahren, dann nach rechts zu einem Damm abbiegen (begrenzte Parkplätze). Der Hauptwanderung ab der 1Std10Min-Stelle bis zur Straßenkreuzung folgen und nach rechts biegen. Nach 400 m rechts auf einen Weg abbiegen, der parallel zu dem Weg verläuft, über den man aufgestiegen ist. Er führt zu den Chadwick Lakes zurück

Kurzwanderung 2: Chadwick Lakes — Dwejra Lines — Chadwick Lakes (7,2 km; 1.50 Std.; mittelschwer, mit einem Auf-/Abstieg über 60 Höhenmeter). Anfahrt und Ausgangspunkt wie Kurzwanderung 1 oben. Man geht jedoch entsprechend der Hauptwanderung an den Dwejra Lines entlang, bis an ihrem Ende das Fort kommt. Hier zur tiefergelegenen Straße absteigen und ihr nach rechts folgen. Nach 1,1 km links auf einen Weg abbiegen (dies ist der ›Parallelweg‹ in Kurzwanderung 1) und ihm zu den Chadwick Lakes hinabfolgen

Diese Wanderung gehört zu den klassischen Touren auf Malta. Sie führt in das längste Tal der Insel, zu den berühmten Chadwick-Stauseen und zu den Dwejra Lines. Alte Forts und Kasernen sind zwar keine typischen Anziehungspunkte für Wanderer, aber sie bereichern diese interessante Wanderung im Herzen Maltas, auf der wir wunderbare Rundblicke genießen.

Die Wanderung beginnt an der KUPPELKIRCHE in **Mosta**: Wir folgen der TRIQ IL-KBIRA nach Rabat und kommen in der Nähe des alten Ta' Qali-Flugplatzes vorbei. Nach **12Min** gabelt sich die Straße: Wir halten uns rechts und überqueren das **Tal Ta' L'Isperanza** auf einer alten BRÜCKE (**20Min**); daneben steht die reizende Kapelle **San Pawl tal-Qlejgha** (18. Jh.). Wir erreichen

Wanderung 13 Malta: Rundwanderung von Mosta aus

einen Kreisel und gehen Richtung Rabat weiter; erneut überqueren wir den *wied*. Fünf Minuten später folgen wir einer schmalen Straße nach rechts (Ausschilderung: ›Chadwick Lakes‹). Nach fünf Minuten überqueren wir erneut den Wasserlauf, nun am KARBUN BORLOCH im **Qlejgha-Tal**. Wir befinden uns auf einer typisch maltesischen Straße mit schleppendem Verkehr. Der Fahrweg verläuft mal auf der einen, mal auf der anderen Seite des Wasserlaufs; links oben auf der Anhöhe steht die alte MTARFA-KASERNE mit dem Militärkrankenhaus (dieses Areal wird jetzt im Rahmen der Stadtentwicklung neu bebaut). Ein passender Name: Mtarfa bedeutet ›Platz am Rand‹.

Sobald wird ungefähr in Sichtweite von Mtarfa sind, taucht der erste Staudamm der **Chadwick Lakes** auf (**1Std**). 1890 auf Empfehlung von Sir Robert Chadwick erbaut, um den San Anton Palace zu bewässern, sind diese Seen ein ziemlich eigentümlicher Anblick auf dieser ausgedörrten Insel. Drei Minuten später überqueren wir eine BRÜCKE. Unmittelbar nach dem ZWEITEN STAUDAMM und noch *vor* der zweiten Brücke (über die Wanderung 12 führt) nehmen wir rechts einen schmalen betonierten Weg (**1Std10Min**). Bei einem VERLASSENEN GEHÖFT verschlechtert er sich zum grasigen Weg (**1Std17Min**). Wir steigen gemächlich durch Weingärten auf; Blickfang ist die auf Seite 80 abgebildete Anhöhe (Il-Qolla). Weiter oben stoßen wir nach einem weiteren Gehöft auf eine STRASSENKREUZUNG (**1Std**

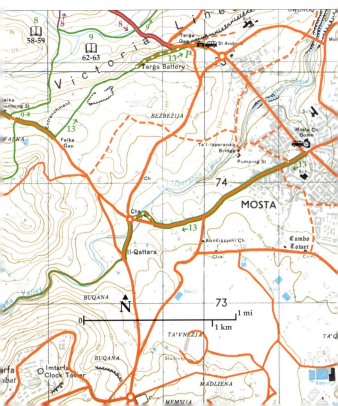

35Min), an der wir geradeaus weitergehen. Nach wenigen Minuten trifft unser Weg auf eine weitere Straße. Wir gehen zur kleinen Kapelle am **Bingemma Gap** weiter (ebenfalls ein Etappenziel von Wanderung 11) und genießen den herrlichen Blick nach Norden und Süden.

Wir gehen knapp zwei Minuten auf demselben Weg zurück und biegen dann links auf einen in die Felsen eingeschnittenen Pfad (gegenüber einer kleinen STEINSÄULE). Dieser mauerngesäumte Pfad führt auf einem Viadukt zu den **Dwejra Lines** hinauf. Es ist unschwer erkennbar, warum die Verteidigungswälle in dieser beherrschenden Lage mit Blick über die ganze Insel errichtet wurden. Die Anlagen sind ein Paradies für Militärhistoriker. *Vorsicht*: Der Rand des Pfades bröckelt an mancher Stellen ab. (Man kann auch rechts vom Verteidigungswall einem bequemen Schotterweg folgen.) Bei einer FORTANLAGE nahe dem Ende der Wälle steigen wir zur tiefergelegenen Straße hinab (**2Std20Min**). Sie schlängelt sich zwischen Gebäuden hindurch. Nach fünf Minuten führt die Straße nach links durch eine Mauerbresche und über einen Graben. Knapp eine Minute danach biegen wir links auf einen Weg ab und gehen sogleich rechts einen Fußweg hinab (rechts befinden sich die Lines). Unser Ziel ist die Straße am Hangfuß. Wir wandern auf einem Weg bergab und erreichen alsbald zwei BEWÄSSERUNGSTANKS. An dieser Stelle schwenkt der Weg nach links (von den Lines weg) und führt an einem Gehöft vorbei. Wir erreichen die VERBINDUNGSSTRASSE MOSTA/MGARR (**2Std50Min**). Links (an der Falka-Pumpstation) beginnt Wanderung 9.

Wir folgen der Hauptstraße nach rechts, kommen an dem Gehöft VALLE VERDE (links; Hasenzucht) vorbei und biegen etwa zwei Minuten später am Gehöft TA' RANDA nach links. Die Wanderroute folgt nun dem Graben der **Victoria Lines** sowie leider auch einem Steinbruch. Wir stoßen auf weitere Militärbauten, die heute teilweise von Hühnern in Beschlag genommen wurden. Die Wanderung endet direkt oberhalb des **Targa Gap** an der Straße Mosta/St Paul's Bay (**3Std05Min**). An der Bushaltestelle erwartet uns ein öffentlicher Garten mit hinreißenden Ausblicken auf die Küste (Picknick 13). Von hier kann man auch 1,2 km auf der Straße bis Mosta weiterwandern.

Il-Qolla, nördlich der Chadwick Lakes

WANDERUNG 14 MALTA: RABAT (BUSUGRILLA)
• TAL-LUNZJATA RIDGE • DINGLI • TA' BALDU
• TAT-TARGA • RABAT (BUSUGRILLA)

Entfernung/Gehzeit: 16 km; 4 Std.

Schwierigkeitsgrad: leicht, mit einigen steinigen Pfaden an der Küste; Auf-/Abstieg über insgesamt 170 Höhenmeter

Ausrüstung: Feste Schuhe, Sonnenhut, Regenzeug, Proviant, Wasser

An- und Rückfahrt: 🚌 80 von Valletta nach Rabat. Abfahrt alle 10 Minuten; Fahrzeit etwa 40 Minuten. Der Bus fährt im Uhrzeigersinn durch Rabat und hält in 100 m Entfernung vom Busugrilla-Kreisel in der Wohnsiedlung Nigred, wo die Wanderung beginnt. Zur Rückfahrt steigt man an derselben Haltestelle ein.

Kurzwanderung 1: Busugrilla Kreisel — Dingli (6,9 km; 1.30 Std.; leicht, mit einem Aufstieg über 90 Höhenmeter und einem Abstieg über 40 Höhenmeter). Man folgt der Wegbeschreibung nach Dingli und kehrt mit 🚌 81 zurück.

Kurzwanderung 2: Dingli — Dingli-Klippen — Dingli (5,4 km; 1.05 Std.; leichte, fast ebenerdige Wanderung). Man fährt mit 🚌 81 nach Dingli und folgt der Wegbeschreibung von der Ortsmitte zum Militärposten (1Std45Min). Fünfzehn Minuten später biegt man rechts auf ein schmales geteertes Sträßchen. Bald kommen einige große Bewässerungstanks und eine Windmühle im tiefergelegenen Gelände zur Linken. Nach fünf Minuten geht man an einem rechts abzweigenden Sträßchen vorbei. Die Kuppel der Kirche von Dingli ist jetzt in Sicht. Rechts kommt eine Doppelhaushälfte namens Carmel/S Gaetano und eine letzte Windmühle. Fünf Minuten später geht man nach links um die Kirche in Dingli. Man läuft zur Hauptstraße Dingli/Rabat weiter, wo rechts ein Wartehäuschen für 🚌 81 steht.

Verkürzter Einstieg in die Hauptwanderung (man spart sich 45 Min.): An der Haltestelle der Wohnsiedlung Ghar Barka verlässt man 🚌 80 (drei Haltestellen vor dem Ausstieg zur Hauptwanderung). Nach 50 m folgt man links einer Straße mit der Beschilderung ›Santa Katerina, Lunzjata/Ghar Barka Housing Estate‹. Nach etwa fünf Minuten erreicht man eine Drei-Wege-Verzweigung an einem Haus namens Madonnina. Hier biegt man nach links zum Haus ›Santa Rita‹; dort führt die Hauptwanderung auf dem rechten Sträßchen heran. Man schließt sich der Wegbeschreibung an der 50Min-Stelle an.

Variante: Dingli — Ta' Baldu — Mtahleb — Rabat (Busugrilla) (11,5 km; 3.10 Std.; Schwierigkeitsgrad wie bei der Hauptwanderung, mit einem Aufstieg über 90 Höhenmeter und einem Abstieg über 130 Höhenmeter). Man nimmt 🚌 81 nach Dingli und folgt der Wegbeschreibung vom Ortszentrum in Dingli nach Ta' Baldu (3Std10Min). Bei Verlassen des Weilers biegt man links auf einen Klippenpfad (bei einigen Spurrillen). Man folgt diesem Pfad zu einer Schweinemästerei, wo man sich links vom ersten Gebäude hält. Eine Minute später erreicht man eine Straße, wendet sich nach links und folgt einem Weg zur Kirche von Mtahleb. Von der Kirche geht man links einige Stufen zu einer anderen Straße hinab (bei der ›SATU‹ Drogen-Reha; früher das Schulhaus von Mtahleb). Dann wendet man sich nach rechts und kehrt anhand der Karte nach Rabat zurück.

Die abgeschiedene westliche Küstenregion Maltas, umgeben von steilen, hoch aufragenden Klippen, bildet das Gebiet dieser Wanderung. Die etwas verwunderten, aber freundlichen Blicke der Einheimischen beweisen, daß man sich hier weitab der großen Touristenströme befindet.

82 Landschaften auf Malta, Gozo und Comino

Ausgangspunkt ist der **Busugrilla**-KREISEL: Wir folgen der Ausschilderung nach FIDDIEN. Dann biegen wir links auf das zweite von zwei Sträßchen (**5Min**) — nur 60 m nach Passieren eines alten Gebäudes auf der rechten Seite mit einem Wappen von 1760. Dieses Sträßchen (gegenwärtig nicht beschildert) führt binnen einer Minute am GEHÖFT ST JOHN vorbei und steigt zum Weiler Salvatur an. Wir erreichen **Salvatur** (**9Min**) und biegen an einem landwirtschaftlichen Gebäude nach links (links befindet sich ein Windrad, das außer Gebrauch ist). Eine Minute später biegen wir nach rechts. Alsbald wenden wir uns an einem Haus namens ID-DULLURI nach links. *(Vorsicht vor dem besonders aggressiven, angeketteten Hund, der sich hier auf der linken Straßenseite in der aus Stein erbauten Hundehütte befindet.)* Nach einer Minute stoßen wir auf eine Querstraße (in einer Mauer befindet sich eine Tür) und biegen hier nach rechts. Das schmale Sträßchen schwenkt an einem Gehöft (QAMMA FARM) nach links, und wir erreichen das **Tat-Targa Gap** (**16Min**).

Wir lassen zunächst die Straße unbeachtet, die durch den Einschnitt führt (dies ist unserer späterer Rückweg). Der Einschnitt gewährt jedoch einen schönen Blick auf die Fiddien Plain (›Silbrige Ebene‹). Wir wandern nach Süden auf einem schmalen Sträßchen entlang des **Tal-Lunzjata-Rückens** weiter, vorbei an der KIRCHE und dem Klosterkomplex mit dem Einsiedler-Gehöft und der UNTERIRDISCHEN KAPELLE (**40Min**).

Wir folgen der Straße nach links. Nach zwei Minuten gehen wir geradeaus an einem rechts abzweigenden Weg vorbei. Eine Minute später gehen wir an einem schmalen Sträßchen vorbei, das links abzweigt. Wir passieren die Einfahrt zu einem STEINBRUCH und folgen dem ruhigen Sträßchen hangaufwärts. Rechts stehen GEWÄCHSHÄUSER; jenseits der Felder zur Linken liegt das Wohngebiet Ghar Barka am Ortsrand von Rabat. Bald nehmen wir rechts ein sehr schmales Sträßchen, das nur etwa 30 m lang ist. An einem Haus namens SANTA RITA biegen wir nach rechts (**50Min**). *(An dieser Stelle kommt man auf die Hauptwanderung, wenn man sich für den ›verkürzten Einstieg‹ entschieden hat.)*

Wir folgen dieser ruhigen Straße durch schönes Bauernland hinab, wo noch traditionelle Windräder in Betrieb sind, und erreichen den schmucken Weiler **Santa Katerina** mit seiner unglaublichen Kirche, die am Hang zu kleben scheint, und dem

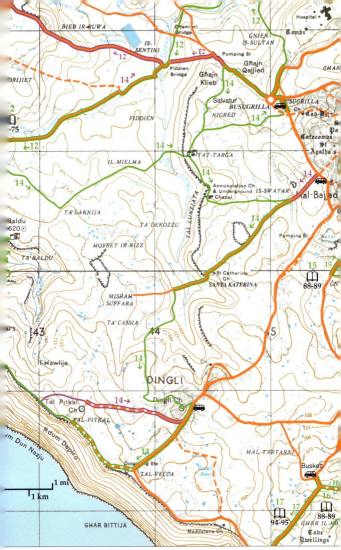

uralten Bauernhaus, das senkrecht an die Felswand gebaut ist. Steil bergab verlassen wir den Weiler in einer Doppelkehre. Direkt vor einer QUELLE und einem Gehöft am Hang (**1Std05Min**) biegen wir links auf einen sandigen Karrenweg, der sich durch ein intensiv landwirtschaftlich genutztes Gebiet schlängelt. Die Frühlingsblumen sorgen zwischen den Feldfrüchten für gelbe und blaue Farbkleckser. Wir halten uns rechts und wandern an einem BRUNNEN vorbei bergauf.

An einer Verzweigung, an der links ein ›Privat‹-Schild steht (**1Std15Min**), gehen wir geradeaus weiter. Nach drei Minuten erreichen wir ein altes landwirtschaftliches Gebäude am Ortsrand von Dingli. Wir gehen nach links um dieses Gebäude und biegen sogleich nach rechts (bei einem weiteren BRUNNEN). Nach zwei Minuten biegen wir links in die TRIQ CLAUDETTE AGIUS

84   Landschaften auf Malta, Gozo und Comino

1975-1990 — an einem Haus namens REDEEMER auf Parzelle 252 (**1Std20Min**). Am Ende der Straße folgen wir einigen Stufen zwischen Garagen, biegen nach links und wenden uns nach einer Minute rechts in die TRIQ SALVU AZZOPARDI 1902-1976. Nach 100 m folgen wir links der TRIQ SAN PAWL zur Kirche. Von hier gehen wir links die TRIQ IL-PARROCCA zur Hauptstraße hinab. Wir haben das Geschäftsviertel in **Dingli** erreicht (**1Std 30Min**). Hier gibt es Läden, eine Bank, die Club/Bar des Dingli Swallows Football Club und eine BUSHALTESTELLE.

   Wir wenden uns nach rechts und folgen der Hauptstraße (TRIQ IL-KBIRA) in Richtung der Dingli-Klippen. Am FRIEDHOF MATER DOLOROSA biegen wir nach rechts und erreichen den Rand der **Dingli-Klippen** an einem MILITÄRPOSTEN (**1Std45Min**). Nun wenden wir uns nach rechts. Ein Haus namens RIDUM

Die Klippen von Dingli; im Hintergrund Il-Kullana (Die Halskette).

Wanderung 14 Malta: Rundwanderung von Rabat aus

DEPIRO (**1Std55Min**) ist unser nächster Orientierungspunkt. Wir gehen am Klippenrand entlang weiter. Die Straße, die an dieser Stelle zum grob geteerten Fahrweg geworden ist, endet an der Fabrik PULVICK EXPLOSIVES INDUSTRIES (rechts; **2Std10Min**). Wir wandern geradeaus auf einem sehr holprigen Weg bergab, der sich zum Fußpfad verschlechtert. Nach fünf Minuten passieren wir ein Landgewinnungsprojekt (wahrscheinlich zur Anlage eines neuen Feldes). In sicherem Abstand gehen wir am Klippenrand weiter. Das nördliche Ende des **Il-Qattara**-Rückens kommt in Sicht (**2Std20Min**), und es bietet sich ein schöner Blick über das weite Tal des Wied ir-Rum sowie drei seltsame Anhöhen, die sich dahinter erheben. Falls der Fluss Wasser führt, begrüßt uns eine schöne Wasserkaskade, die die Klippen herabstürzt.

Wir erreichen eine Gruppe von LANDWIRTSCHAFTLICHEN GEBÄUDEN, biegen hier nach rechts und folgen einer Straße entlang der nordexponierten Hänge des Tals. Alsbald nehmen wir links eine Abkürzung durch ein kleines Gehöft (**2Std25Min**; man muss den Bauern um Erlaubnis fragen und ihm sagen, dass man nach Ta' Baldu wandern möchte; *Vorsicht vor den hier angeketteten Hunden*). Rückblickend erkennt man, dass das Gehöft in einem Komplex bronzezeitlicher Höhlenwohnungen am Klippenrand untergebracht ist. Der Weg schlängelt sich in scharfen Kehren in den **Wied ir-Rum** hinab. Nur schwer kann man der Versuchung widerstehen, nach den Orangen und Zitronen zu greifen, die in den Bäumen hängen. Auf der gegenüberliegenden Talseite führt uns ein steiler Anstieg nach **Ta' Baldu** auf dem Rücken, wo wir auf einen Querweg stoßen (**1Std55Min**). Wir biegen nach links, gehen am TA' BALDU HOUSE vorbei und nehmen dann den alten, von Mauern gesäumten Karrenweg. Nach Süden bietet sich ein schöner Ausblick; Ackerterrassen schmiegen sich an die gepflegten Obstgärten. Bald gelangen wir auf eine geteerte Straße (**3Std10Min**).

Wir lernen jetzt das echte Malta kennen, indem wir auf dem schmalen Sträßchen (es ist befestigt, für Fahrzeuge aber viel zu eng) zu ›modernen‹ Höhlenbehausungen hinabgehen, die sich auf dem Klippenrand zusammendrängen. In dieser Gegend leistet uns allenfalls ein Hirte mit seiner Schafherde Gesellschaft. Bei Verlassen des Weilers folgen wir der Straße (eigentlich ist es nur ein Weg) nach rechts. An einer Querstraße (**3Std 20Min**) gehen wir rechts weiter. Nach zehn Minuten biegen wir nach links. Zwei Minuten später gehen wir geradeaus weiter, links an einem BAUERNHAUS vorbei. Wir durchqueren die Ebene; unser Ziel ist der Einschnitt in der Felswand. Es handelt sich hier um die oben erwähnte Straße.

Wir steigen durch das **Tat-Targa Gap** auf (**3Std40Min**) und biegen nach links. Nun befinden wir uns wieder auf der uns bereits bekannten Straße und kehren auf demselben Weg zur Querstraße mit der Tür in der rechten Mauer zurück. Wir gehen geradeaus weiter. Die Kathedrale von Mdina ist am Horizont erkennbar. Im WOHNGEBIET NIGRED stoßen wir auf die Hauptstraße (**4Std**) und folgen ihr nach links zur BUSHALTESTELLE.

WANDERUNG 15 MALTA: RABAT (TAL-VIRTU) • WIED TA' L-ISQOF • GNIEN IL-KBIR • RABAT (SAQQAJJA)

Siehe die Karte auf Seite 88-89; siehe auch Wanderung 3
Länge: 4,5 km; 1.05 Std.
Schwierigkeitsgrad: leicht; Auf-/Abstieg über insgesamt 60 Höhenmeter
Ausrüstung: festes Schuhwerk, Sonnenhut, Regenzeug, Proviant, Wasser
Anfahrt: 🚌 80 oder 81 von Valletta nach Rabat (Abfahrt alle 10 Min.; Fahrzeit 40 Min.); an der Straßenverzweigung der Triq Tal-Virtu mit der Triq Gorg Borg Olivier aussteigen. Die Bushaltestelle kommt als dritte, nachdem der Bus den steilen Hang in Rabat hinaufgefahren ist.
Rückfahrt: 🚌 80 nach Valletta von der Haltestelle Pjazza Saqqajja (siehe Stadtplan auf Seite 44).
Variante 1: **Rabat (Tal-Virtu) — Wied ta' l-Isqof — Siggiewi** (5,8 km; 1.05 Std.; leicht, mit einem Abstieg über 85 Höhenmeter). An einem Sommerabend ist dies eine sehr schöne Wanderung, wenn auf der Verbindungsstraße Rabat/Siggiewi kaum Verkehr herrscht und die tiefstehende Sonne die Ackerterrassen und Dörfer in der Ferne deutlicher hervortreten lässt. Man folgt der Wegbeschreibung bis zum Wied (21Min), geht dann geradeaus zur Verbindungsstraße Rabat/Siggiewi weiter und folgt dieser Straße nach rechts. Man passiert die Kapelle San Blas (30Min) und nimmt zehn Minuten später an einer komplizierten Kreuzung die zweite Linksabzweigung. An einem kleinen Steingebäude hält man sich rechts (vorbei an der Linksabzweigung, die nach Siggiewi beschildert ist). Man passiert ein Denkmal (55Min) und geht an einem schmalen Sträßchen vorbei, das links nach Siggiewi führt. Man erreicht den Ortsrand von Siggiewi (1Std) und geht links auf der Triq Lapsi weiter (Ausschilderung Siggiewi Centre). Nach zwei Minuten verengt sich die Straße. Man geht geradeaus auf der Triq il-Knisha l-Qadima weiter, um den Platz (Foto Seite 22) und die Bushaltestelle zu erreichen.
Variante 2: **Rabat (Tal-Virtu) — Wied ta' l-Isqof — Verdala Palace** (4,8 km; 1 Std.; leicht, mit einem Anstieg über 100 Höhenmeter und einem Abstieg über 85 Höhenmeter). Man folgt Variante 1 zur Kapelle San Blas und biegt nach rechts. Nach fünf Minuten (35Min) mündet von links Wanderung 16 ein. Man schließt sich dieser Wanderung ab der 1Std30Min-Stelle an (siehe Seite 91).

Häufig wird gesagt, dass Malta bis heute ein tief religiöses Land geblieben sei. Auf dieser kurzen Wanderung streifen wir die Apostolic Nunciature, das Erzbischöfliche Seminar (Archbishop's Seminary), ein Kloster, eine uralte Kirche sowie (gegen Ende der Wanderung) die eindrucksvolle Dominikanerkirche und das Kloster mit seinem Kreuzgang aus dem frühen 17. Jahrhundert. Außerdem sehen wir, wie hügelig die Landschaft auf Malta sein kann. Es geht unterwegs steil bergab, aber zum Glück führt der Anstieg über den Wied ta' l-Isqof ganz allmählich nach Rabat hinauf.

Ausgangspunkt ist die T$_{RIQ}$ T$_{AL}$-V$_{IRTU}$ in **Rabat**: Wir folgen dieser ruhigen Vorortstraße. Gegenüber der **Apostolic Nunciature**, dem Sitz des Apostolischen Nuntius auf Malta, befindet sich ein herrlicher Aussichtspunkt auf das Umland (**5Min**; Picknick 15). Diese Gegend wurde (unter Einbeziehung der Ackerterrassen) zur Anlage eines Golfplatzes vorgeschlagen. Noch ist nichts zur Verwirklichung des Projektes geschehen,

Der Wied ta' l-Isqof

aber man sollte die Landschaft genießen, solange es sie in dieser Form noch gibt. Schon nach einer Minute kommt das nächste Bauwerk: das Erzbischöfliche Seminar (**Archbishop's Seminary**) und der **Convent of the Sacred Heart**. Nach weiteren drei Minuten wenden wir uns nach rechts um die hohe Mauer, die die KIRCHE **Tal-Virtu** (mit geborstenem Mauerwerk) und eine märchenhafte Burg umgibt (**9Min**). Das Gelände ist der Öffentlichkeit nicht zugänglich.

Von hier schweift der Blick auf das Gebiet von Wanderung 16 — den Verdala Palace mit dem Laferla Cross in der Ferne. Bald wandern wir auf einem schmalen Sträßchen weiter, das steil den Hang hinabführt. Auf den höhergelegenen Ackerterrassen gedeihen Wein und Obstbäume; ein Stückchen weiter säumen Opuntienhecken und größere Bäume unsere Route. In tiefer gelegenem Gelände weitet sich die Landschaft zu ziemlich großen Feldern (für maltesische Verhältnisse). Wir gehen geradeaus an einer Gruppe LANDWIRTSCHAFTLICHER GEBÄUDE vorbei (**20Min**). Eine Minute danach biegen wir rechts auf ein kleines Sträßchen ab, das den **Wied ta' l-Isqof** hinaufführt (an der Abzweigung stehen zwei kleine Gebäude).

Unsere Route verläuft zwischen hohen Feldmauern und Spanischem Rohr, das den Wasserlauf säumt. Wir gehen an allen Seitenwegen vorbei. Nach 15 Minuten biegen wir bei einer MAUER (**35Min**) nach links. (Nicht den Weg nehmen, der bergauf in Richtung Rabat führt; er führt zu einem privaten Tor.) Sogleich biegen wir nach rechts, weiter dem Wasserlauf folgend. Nach einigen Metern schwenkt der Weg nach links, wir jedoch folgen nun einem Pfad am rechten Ufer, von weiterem Spanischen Rohr gesäumt. Der Pfad verbreitert sich bald zum schmalen, grasbedeckten Weg. An einer großen Opuntienhecke, wo der Weg nach rechts ansteigt (**40Min**), bietet sich eine gute Sicht in den Wied.

Fünf Minuten später passieren wir ein großes GEHÖFT bei **Gnien il-Kbir** (*Vorsicht: Hunde*). Sogleich biegen wir an einer Querstraße nach rechts. Wir erreichen die VERBINDUNGSSTRASSE RABAT/BUSKETT (**47Min**) und gehen rechts weiter. Hier befindet sich zwar eine HALTESTELLE für Bus 81, aber es empfiehlt sich, weiterzugehen. Es sind nur zehn Minuten zur Barockkirche **Madonna tal-Ghar** (Unsere Liebe Frau der Grotte) mit dem Dominikanerkloster. Die schattige Grünanlage vor der Kirche ist ideal für ein entspannendes Päuschen, ehe wir an unserem Ausgangspunkt vorbei (etwa **1Std**) zur Bushaltestelle an der PJAZZA SAQQAJJA gehen, die wir nach fünf Minuten erreichen (**1Std05Min**). Wanderung 3 endet ebenfalls auf diesem Platz; beide Touren lassen sich gut miteinander verbinden.

WANDERUNG 16 MALTA: BUSKETT • GHAR IL-KBIR • LAFERLA CROSS • VERDALA PALACE

Siehe auch das Foto auf Seite 92 **Länge**: 8,2 km; 1.55 Std

Schwierigkeitsgrad: leicht; etwas anspruchsvoller ist der Anstieg zu Höhle von Ghar il-Kbir. Aufstieg über 140 Höhenmeter; Abstieg über 115 Höhenmeter

Ausrüstung: festes Schuhwerk, Sonnenhut, Regenzeug, Proviant, Wasser

Anfahrt: 🚌 81 von Valletta (Bus nach Dingli). Abfahrt alle 30 Minuten. Buslinie 81 macht eine Rundfahrt über Buskett; Fahrzeit etwa 45 Min.

Rückfahrt: 🚌 81 vom Eingang zum Verdala Palace nach Valletta (der Bus fährt über Dingli und Rabat)

Kurzwanderung 1: **Buskett Gardens**. In diesem Park gibt es mehrere gut angelegte Wege, auf denen man schöne Spaziergänge machen kann (Picknick 16).

Kurzwanderung 2: Buskett — Wied il-Luq — Verdala Palace (5,8 km; 1.20 Std.; leicht; mit einem Anstieg über 100 Höhenmeter und einem Abstieg über 75 Höhenmeter). Man folgt der Wegbeschreibung bis zur 33Min-Stelle (direkt nach dem kleinen Steinbruch) und biegt dann links auf die schmale Straße, die zum Girgenti-Tal führt. Man folgt dieser Straße zu einer Brücke über den Wied hinab, schließt sich dann wieder

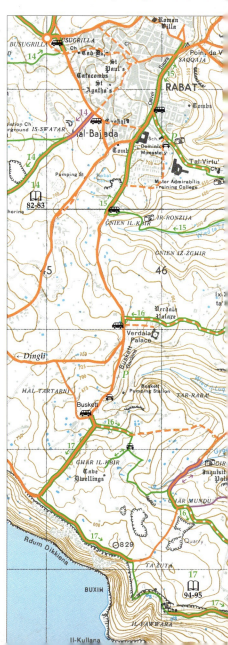

Wanderung 16 Malta: Buskett • Ghar il-Kbir • Verdala Palace

der Hauptwanderung an und folgt ihr von der 1Std 15Min-Stelle bis zum Ende.

Abseits der Touristenströme bietet diese reizvolle Wanderung manches Idyll sowie einige Sehenswürdigkeiten. Das Spektrum reicht von Palästen zu Wohnhöhlen... und schließt rätselhafte vorgeschichtliche Doppelrillen ein.

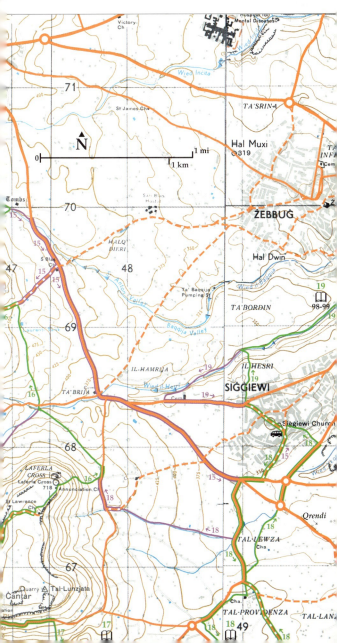

90 Landschaften auf Malta, Gozo und Comino

Ausgangspunkt ist die Haltestelle am staatlichen WEIN FORSCHUNGSINSTITUT. Unmittelbar nach dem Institut biegen wi nach rechts (Süden) und sehr bald danach nach links. **6Mi** später nehmen wir eine Rechtsabzweigung zu einem PARKPLATZ Vom Parkplatz folgen wir einem Weg etwa eine Minute bis zu der Stelle, wo er an einer Feldmauer nach links schwenkt. Nur führt ein ausgeschilderter Pfad zu einer großen, eingestürzter Höhle hinauf (**Ghar il-Kbir**; **12Min**); sie war bis 1835 bewohnt Ganz in der Nähe erstreckt sich eine mit zahlreichen VORGE SCHICHTLICHEN DOPPELRILLEN bedeckte Felsfläche (siehe unten).

Doch zurück zur Höhle: Wir gehen zum Parkplatz zurück (**20Min**) und rechts einen Weg hinab. Nach drei Minuter nähern wir uns einer Mauer und einer Schranke. 15 m vor de Schranke biegen wir nach rechts (es gibt hier einige Spurrillen) Nach 50 m passieren wir eine JÄGERHÜTTE. 100 m danach komm ein Telegrafenmast. 20 m weiter gehen wir links durch eine MAUERBRESCHE (**25Min**). Wir folgen einem Pfad, der nach links biegt. Nach etwa drei Minuten steigen wir zu einer tiefer gelegenen Geländestufe hinab, näher an einem Wied; hier kann man eventuell die Spitz-Orchis sehen. Nach weiteren zwe Minuten gehen wir an dem kurzen Abschnitt der Mauer entlang, die sich vom Tor des TAZUTA QUARRY fortsetzt (**30Min**), und steuern den Wied an. (An dieser Stelle kann man einen Abstecher zu einem Aussichtspunkt auf das Girgenti Valley und zum Inquisitor's Palace machen, einer von Inquisitor Onorati Visconti im 17. Jh. erbauten Sommerresidenz, indem man etwa 500 m nach links geht.)

Wir folgen der Straße etwa zwei Minuten nach rechts bergauf

Wanderung 16 Malta: Buskett • Ghar il-Kbir • Verdala Palace

nd wenden uns dann vor einem kleinen STEINBRUCH nach links. ine Minute später (**33Min**) biegen wir rechts auf ein schmales andsträßchen. *(Kurzwanderung 2 führt hier nach links.)* Die traße verläuft hangparallel und biegt dann nach links zur apelle **St Lawrence** (**50Min**). Hier biegen wir links auf einen on Mauern gesäumten Pfad. Nach fünf Minuten erreichen wir as **Laferla Kreuz** und die **Verkündigungskapelle**. Auf dem ipfel erwartet uns ein hinreißender Ausblick: Aus der Vogelerspektive sehen wir den dicht besiedelten Teil Maltas um ns ausgebreitet; hinter uns erstreckt sich eine wunderbare üstenlandschaft mit dem tiefblauen Meer.

Der Weg bergab ist von Statuen gesäumt und stößt auf die IGGIEWI-STRASSE (**1Std05Min**). Wir folgen ihr nach links und biegen sogleich links ab. Nach fünf Minuten schwenkt die Straße an einer STEINSÄULE (Inschrift ›GR‹) nach links. Hier nehmen wir len Weg nach rechts und kommen nach einer Minute an einem AUERNHAUS vorbei. Danach verschlechtert sich der Weg zu einem Pfad, der zwischen Steinmauern verläuft. Wir überqueren den **Wied il-Luq** auf einer schmalen BRÜCKE (**1Std15Min**) und überqueren nach 60 m eine Straße *(Kurzwanderung 16-2 führt hier von links heran)*. Wir gehen geradeaus ein schmales Sträßchen empor, das von kleinen landwirtschaftlichen Gebäuden flankiert ist. Nach 15 Minuten (**1Std30Min**) biegen wir inks auf eine andere Straße *(Variante 15-2 führt hier von rechts heran)*. Nach weiteren 15 Minuten stetigen Anstiegs taucht der Verdala Palace gleich einem französischen Schloss aus dem Wald auf. Mit dem Bau wurde 1586 begonnen; es sollte Großmeister de Verdalle als sicherer Sommersitz dienen. Nachdem wir die Außenmauer von **Verdala Palace** erreicht haben (**1Std50Min**), wenden wir uns nach rechts zur VERBINDUNGSSTRASSE RABAT/BUSKETT (**1Std55Min**). Die BUSHALTESTELLE kommt 50 m nach links, gegenüber dem Eingang zum Palast.

Die Doppelrillen bei Ghar il-Kbir. Auf vielen Felsflächen Maltas sieht man tiefe Rillen, die parallel zueinander verlaufen. Archäologen sind sich über Ursprung und Bedeutung der Rillen im Unklaren; allem Anschein nach stammen sie aus der Bronzezeit. An manchen Stellen gehen die Rillenpaare wie Transportwege ineinander über und bilden Ausweichstellen.

WANDERUNG 17 MALTA: BUSKETT • RDUM DIKKIENA • GHAR LAPSI • HAGAR QIM • BLAUE GROTTE

Die Karte beginnt auf Seite 88-89

Entfernung/Gehzeit: 12 km/3.05 Std.

Schwierigkeitsgrad: Mittelschwer; Aufstieg über 170 Höhenmeter und Abstieg über 365 Höhenmeter.

Ausrüstung: Feste Schuhe, Sonnenhut, Schwimmzeug, Regenzeug, Proviant, Wasser

Anfahrt: Wie für Wanderung 16, Seite 88

Rückfahrt: 🚌 38 oder 138 von Wied iz-Zurrieq nach Valletta

Kurzwanderung: Buskett — Ghar Lapsi (6,4 km; 1.35 Std.; ziemlich leicht). Man beendet die Wanderung in Ghar Lapsi (dadurch kein Aufstieg), nachdem man zuvor ein Taxi bestellt hat, um am Restaurant Lapsi abgeholt zu werden. (Nur im Juli und August fährt donnerstags und sonntags 🚌 94 von Ghar Lapsi nach Siggiewi.)

Variante: Buskett — Ghar Lapsi — Hagar Qim — Qrendi (11,2 km; 2.50 Std.; mittelschwer; Aufstieg über 180 Höhenmeter und Abstieg über 245 Höhenmeter). Man folgt der Wegbeschreibung zu den Tempeln Hagar Qim und geht dann zur Hauptstraße weiter. Fast genau gegenüber geht man die Straße in Richtung Qrendi weiter. Sobald man sich dem Dorf nähert, biegt man nach rechts (Ausschilderung Qrendi/Mqabba). Man kann 🚌 35 nach Valletta von einer Haltestelle in dem kleinen Wohngebiet nehmen, das an dieser Stelle in Sicht kommt.

Auf dieser Wanderung besuchen wir unter anderem zwei berühmte Sehenswürdigkeiten, die Tempelanlagen von Hagar Qim und Mnajdra sowie die Blaue Grotte. Außerdem sehen wir Wildblumen, eine unteriridische Kapelle und reizende Fischerbuchten. Den ganzen Tag über begleitet uns das tiefblaue Meer.

Ausgangspunkt ist wie auf Wanderung 16 das staatliche Weinforschungsinstitut in der Nähe der **Buskett Gardens**. Un-

Verdala Palace und Buskett Gardens (Picknick 16). Die hohen Außenwände umgaben einst einen Wildpark.

Blick von il-Wardija ta' San Gorg nach Osten auf die Bucht Ghar Lapsi

mittelbar nach dem INSTITUT biegen wir nach rechts. An der nächsten Kreuzung (nach einer Minute) gehen wir rechts weiter. Die einspurige Straße ist in mäßigem Zustand und führt zu den **Rdum Dikkiena**-Klippen (**10Min**). Wir biegen nach links und wandern parallel zur Küste. Auf diesem Abschnitt stehen im Vorfrühling die Krokusse in voller Blüte. Bald (**25Min**) biegen wir rechts auf einen felsigen Weg, der direkt auf die senkrecht abbrechenden Klippen zuführt. Nach fünf Minuten erreichen wir das Ende der Landzunge **Il-Wardija ta' San Gorg**. Hier halten wir nach Schildern Ausschau, die auf eine SIEDLUNG AUS DER JUNGSTEINZEIT hinweisen. Glockenförmige Aushöhlungen dienten als Getreidespeicher. In dieser Gegend treffen wir auch die Nationalblume Maltas an, die Flockenblume *Centaurea crassifolia* (Widnet il-Bahar). Der Weg führt in Spitzkehren bergab (auf manchen Karten fälschlich als mit dem Auto befahrbar dargestellt); uns umgibt eine herrliche Küstenlandschaft.

Dann erreichen wir eine kleine KAPELLE mit Belvedere (**40Min**). In einem Gärtchen unterhalb davon liegt eine künstliche Höhle mit Möbeln aus Stein. Das Sträßchen (siehe oben) führt anschließend an zwei Bauernhäusern vorbei. Dann erblicken wir eine weitere KAPELLE (**50Min**). Unmittelbar nachdem wir an der SUNNY FARM vorbeigekommen sind (links; **1Std**), verlassen wir die Straße und nehmen rechts einen Weg. Wir folgen ihm zwei Minuten, bis er nach rechts biegt, und gehen hier geradeaus auf einem Pfad weiter, der eingeschnitten zwischen den Ackerterrassen verläuft. Der Pfad verbreitert sich zum Weg und führt an einem STEINBRUCH (links) vorbei bergab. Einige Minuten später gelangen wir auf einen Weg, der parallel zur Küste verläuft, und gehen rechts weiter (siehe nun die Karte auf Seite 94-95).

Bei einem STEINBRUCH mündet der Weg in eine Straße, die hier eine scharfe Haarnadelkurve beschreibt (**1Std15Min**). Wir folgen der Straße nach rechts und wandern zur schönen Bucht

Ghar Lapsi hinab (**1Std30Min**; Picknick 17a). Obwohl es hie[r] eine Meerwasserentsalzungsanlage gibt, läßt sich in der Buch[t] am Restaurant herrlich schwimmen und picknicken.

Bis jetzt ging es immer bergab, aber das ändert sich nun. Al[s] Orientierungspunkt dienen uns zwei WASSERROHRE, die sich di[e] Klippen hinaufziehen. Wir gehen zu diesen Wasserrohre[n] zurück und steigen daneben auf Stufen oder Beton an. Der steil[e] Aufstieg führt über etwa 115 Höhenmeter, bis wir die HAGA[R] QIM/ZURRIEQ-STRASSE erreichen (etwa **2Std05Min**), der wir nac[h] rechts etwa zehn Minuten folgen. Nachdem wir an einer[m] STEINBRUCH vorbeigegangen sind (rechts; **2Std15Min**), biege[n] wir rechts auf einen Weg. Zwei Minuten später wenden wir un[s]

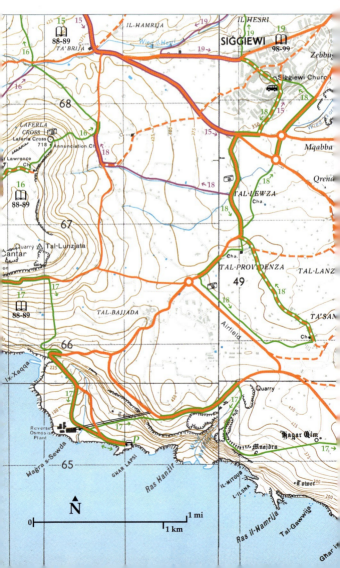

Wanderung 17 Malta: Buskett • Hagar Qim • Blaue Grotto 95

ei einer Mauer nach rechts, um zur Sohle eines aufgelassenen
TEINBRUCHS hinabzugehen. Nach zwei Minuten kommen wir
m eine Ecke in der Steilwand des Steinbruchs (oben steht ein
Gebäude). Hier dürfen wir *nicht* den Weg nehmen, der nach
nks ansteigt, sondern wandern geradeaus weiter und passieren
inige alte Steinbruch-Fundamente. Bald kommt ein Wacht-
urm am Horizont in Sicht. Von hier führt uns zunächst ein
olpriger Weg, dann rechts ein Pfad zur Tempelanlage von
Mnajdra hinab (**2Std25Min**).

Von Mnajdra folgen wir dem befestigten Gehweg, der in fünf
Minuten zur Tempelanlage von **Hagar Qim** führt (**2Std30Min**).
Hier gibt es auch eine Restaurantbar.

Die einfachste Möglichkeit, um von hier zur berühmten
Blauen Grotte zu kommen, besteht darin, die nur eine Minute
entfernte HAUPTSTRASSE NACH ZURRIEQ nach rechts zu gehen. (Wer
dem Wandern auf Straßen nicht besonders zugetan ist, kann
auch — sehr beschwerlich! — vom Aussichtspunkt an der
Straße über die zinnenförmigen Felsen in den *wied* hinab-
klettern.)

Wir folgen der Straße, bis wir den malerischen Weiler an der
Mündung des **Wied iz-Zurrieq** erreichen (Picknick 17b;
3Std05Min). Bei den farbenfrohen Booten und Bootshäusern
warten Bootsführer, um Touristen bei ruhiger See zur **Blauen
Grotte** zu fahren. (Bei stürmischer See wird man jedoch nass
gespritzt; in diesem Küsteneinschnitt schaukeln sich die Wellen
ziemlich stark auf.)

Falls man Wied iz-Zurrieq vor 17.00 Uhr erreicht, erwischt
man den letzten Bus des Tages. Ansonsten kann man entweder
telefonisch ein Taxi bestellen, um zur Bushaltestelle in Zurrieq
gebracht zu werden, oder geht den Weg zu Fuß (etwa 2,4 km
bergauf entlang einer ziemlich befahrenen Straße; größtenteils
gibt es allerdings einen Bürgersteig).

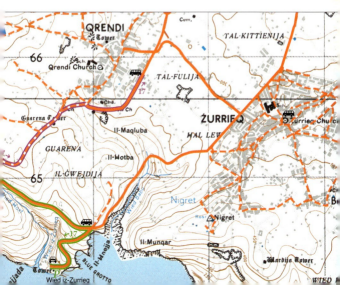

WANDERUNG 18 MALTA: SIGGIEWI • TAL-PROVIDENZA • KAPELLE SAN NIKLAW • SIGGIEWI

Siehe die Karte auf Seite 94-95; siehe auch das Foto auf Seite 22
Entfernung/Gehzeit: 6,4 km; 1.40 Std.
Schwierigkeitsgrad: Sehr leichte, fast ebenerdige Wanderung
Ausrüstung: Feste Schuhe, Sonnenhut, Regenzeug, Wasser
An- und Rückfahrt: 🚌 89 von Valletta nach Siggiewi (Abfahrt alle 30 Minuten; Fahrzeit 40 Minuten); am Hauptplatz aussteigen.
Kurzwanderung: Siggiewi — Tal-Providenza — Siggiewi (3,2 km; 50 Min.; Schwierigkeitsgrad wie Hauptwanderung). Der Hauptwanderung 25 Minuten folgen; bei Erreichen der Kirche in Tal-Providenza nach links biegen und der Hauptwanderung ab der 1Std15Min-Stelle folgen.
Variante: Siggiewi — Verdala Palace (6,1 km; 1.20 Std.; leicht, mit einem Aufstieg über 90 Höhenmeter). Der Hauptwanderung bis zum Wassertank an der Ghar Lapsi-Straße folgen und nach einer Minute (15Min nach Siggiewi) rechts auf ein Asphaltsträßchen biegen. Es verläuft zwischen Feldern, die von hohen Steinmauern umgeben sind und auf denen zahlreiche kleine Steinhütten stehen. An der Einmündung in die Siggiewi-Straße rechts weitergehen. Innerhalb von zwei Minuten gelangt man auf die Route von Wanderung 16 und folgt deren Wegbeschreibung ab der 1Std05Min-Stelle (Seite 91), um zum Verdala Palace zu gelangen.

Eine bezaubernde Ortschaft, liebliches Bauernland, Kapellen am Wegesrand... auf dieser Wanderung erinnert alles an das alte, traditionelle Malta. Die Busfahrt nach Siggiewi gibt einen Vorgeschmack: Wir sehen eine Windmühle, enge Straßen, die von alten Häusern gesäumt werden, und Steinmetze, die in ihren Werkstätten kunstvolle Steinarbeiten herstellen.

Wir steigen an der Kirche St Nikola aus, die an dem großen, L-förmigen Platz (Misrah San Nikola, Foto auf Seite 22) in **Siggiewi** steht. Man sollte einen Moment stehenbleiben, um die Atmosphäre aufzufangen... Das Vereinshaus des Dorfmusikers, die Bar als örtlicher Treffpunkt, eine kleine Kapelle, Clubs von politischer Parteien, und im Zentrum eine Statue des Schutzpatrons (San Nikola) von 1734.

Zunächst gehen wir hinter der SAN NIKOLA-STATUE nach rechts zum unteren Platz. Wir steuern ein enges Sträßchen an, das vom POLIZEIREVIER und einer alten KAPELLE flankiert wird (**2Min**). Enge Gassen zweigen von diesem Sträßchen ab (TRIQ IL-KNISJA L-QADIMA); in früheren Zeiten konnten sie bei Piratenüberfällen leicht versperrt werden. An einer Kreuzung, wo sich das Sträßchen stark verbreitert (**5Min**), gehen wir geradeaus auf der TRIQ LAPSI weiter. Nach drei Minuten erreichen wir den Ortsrand mit der Umgehungsstraße. Wir folgen der Ausschilderung nach GHAR LAPSI und gehen auf einer ruhigen Straßen geradeaus weiter. Die Kirche von Tal-Providenza am Horizont bildet einen markanten Orientierungspunkt; wir kommen am MARITA FARM vorbei (rechts; **12Min**). Zwei Minuten später bietet sich bei einem großen Wassertank ein schöner Blick zurück auf

Wanderung 18 Malta: Rundwanderung von Siggiewi aus

Siggiewi; rechts sind das Laferla-Kreuz (Wanderung 16) und Mdina (Wanderung 3) zu sehen.

Dann verlassen wir die Straße (**25Min**) und biegen nach links zur Kirche von **Tal-Providenza** mit ihrer eindrucksvollen Kuppel und dem bemerkenswerten überdeckten Eingang. Wir wenden uns rechts auf einen Weg und gelangen nach zwei Minuten bei zwei umgebauten Bauernhäusern (TAL-BRIMB und TAL-GHOLJA) wieder auf die Ghar Lapsi-Straße. Knapp zwei Minuten später (**30Min**) gehen wir bei einem alten WASSERTANK, der ein DENKMAL enthält, an der Linksabzweigung eines ziemlich zugewachsenen Weges vorbei. Wir biegen jedoch auf den *nächsten* Weg nach links, der nach einer Minute folgt. Er verläuft parallel zum ehemaligen FLUGPLATZ QRENDI (**33Min**). Während des 2. Weltkriegs wurden hier eine Landebahn und Flugzeughallen gebaut, um die Invasion auf Sizilien zu unterstützen. Wir gehen etwa 10 Minuten an seinem Rand entlang; nach links fällt der Blick auf ein intensiv landwirtschaftlich genutztes Gebiet. Gegen Ende des Flugplatzes (**43Min**) biegt der Weg erst nach links, dann sogleich nach rechts. (Die Sackgasse nach links lassen wir unbeachtet.)

Wir erreichen die kleine **Kapelle San Niklaw** (18. Jh.; **50Min**) und biegen hier nach links. *Vorsicht* vor den Hunden, die Gebäude beiderseits der Straße bewachen. Unser Ziel heißt wiederum Tal-Providenza; das Sträßchen führt in ein flaches Tal mit verstreuten weißen Häuschen hinab. Schließlich sind wir wieder an einem Gehöft, das etwa 100m östlich der Kirche von Tal-Providenza liegt (**1Std15Min**). Wir gehen an der Rechtsabzweigung vorbei und lassen auch die Linksabzweigung direkt nach dem Gehöft unbeachtet (sie führt zur Kirche zurück). Wir biegen nach rechts auf unseren Hinweg und wenden uns dann an einer großen, von einer Mauer umgebenen Einfriedung nach rechts. Nach zwei Minuten biegen wir links auf ein sehr schmales Sträßchen zwischen hohen Mauern. Die Kirche von Siggiewi ist nun in Sicht. Zehn Minuten später (**1Std28Min**) stoßen wir an einem Kreisel auf die SIGGIEWI/QRENDI-STRASSE und gehen geradeaus weiter, der Ausschilderung nach ZEBBUG, QORMI und MQABBA folgend. An einem weiteren Kreisel (**1Std30Min**) lassen wir den Wegweiser ›Siggiewi Centre‹ unbeachtet und gehen geradeaus in Richtung ›ZEBBUG/QORMI‹. Nach 300 m, unmittelbar vor einem Zebrastreifen, biegen wir links in die TRIQ NIKOLA SAURA. Dann folgen wir der TRIQ IL-QAJJIED zum Hauptplatz in **Siggiewi**. Die BUSHALTESTELLE befindet sich neben der POLIZEISTATION (**1Std 40Min**).

Die Kirche in Tal-Providenza

WANDERUNG 19 MALTA: SIGGIEWI • WIED IL-HESRI • WIED QIRDA • WIED IL-KBIR • QORMI

S. a. das Foto auf Seite 22   **Entfernung/Gehzeit:** 7,2 km; 2.05 St[d.]

Schwierigkeitsgrad: Ziemlich leicht; im unteren Wied Qirda beschwe[r]licher mit etwas Kraxelei. Bei Regen sollte man diese Wanderung nic[ht] machen. Abstieg über 110 Höhenmeter.

Ausrüstung: Feste Schuhe, Sonnenhut, Regenzeug, Proviant, Wasser

Anfahrt: 🚌 89 von Valletta nach Siggiewi; am Hauptplatz aussteige[n]. Abfahrt alle 30 Minuten; Fahrzeit 40 Minuten.
Rückfahrt: 🚌 89 von Qormi nach Valletta

Kurzwanderung 1: Siggiewi — Wied il-Hesri — Siggiewi (3,2 k[m;] 50 Min.; leicht, mit einem Auf-/Abstieg über 40 Höhenmeter). Der Haup[t]wanderung folgen und die Brücke über den Wied il-Hesri überquere[n.] Links auf einen Weg biegen und ihm etwa 15 Minuten folgen. Das T[al] an der Stelle verlassen, wo nahe eines Steingebäudes eine Asphaltstraß[e] ansteigt. Sie stößt nach zwei Minuten auf eine Straße. Nach links ge[ht] es ins Zentrum von Siggiewi zurück. Rückfahrt mit dem 🚌 89.

Kurzwanderung 2: Siggiewi — Zebbug (2,4 km; 40 Min.; leicht, m[it] einem Abstieg über 50 Höhenmeter). Der Hauptwanderung bis Ha[l] Mula am Ortsrand von Zebbug folgen und mit dem 🚌 89 nach Vallett[a] zurückfahren.

Kurzwanderung 3: Zebbug — Qormi (4,8 km; 1.25 Std.; Schwierigkeit[s]grad wie Kurzwanderung 2). Anfahrt wie bei der Hauptwanderung m[it] dem 🚌 89, jedoch in Hal Mula am Ortsrand von Zebbug aussteige[n.] Der Hauptwanderung ab der 40Min-Stelle folgen.

Diese Tour beginnt wie Wanderung 18 in Siggiewi. Diesma[l] wandern wir jedoch durch eine Reihe abgelegener, teil[s] landwirtschaftlich genutzter Täler. Einige dieser Täler sind so ein[-]sam, daß hier Fabriken für Feuerwerkskörper errichtet wurden[.]

Von **Siggiewi** folgen wir **zunächst** der Ausschilderung fü[r] den Einbahnstraßenverkehr, der den PLATZ verläßt, und gehe[n]

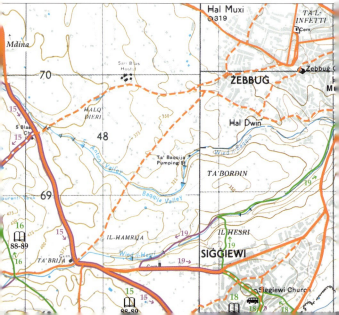

Wanderung 19 Malta: Von Siggiewi nach Qormi

uf der Triq il-Parrocca Richtung Nordwesten. Wir überqueren inen kleinen Platz (Misrah San Gwann) und folgen dann der riq il-Mithna. Nach knapp **5Min** erreichen wir eine komplizierte Kreuzung am Rande des älteren Ortsteils. Wir biegen echts in die Triq Wied Il-Hesri; die Kuppel der Kirche von Mosta t am Horizont erkennbar. Dieser Straße folgen wir zum sport- eländegelände von Siggiewi (**6Min**) und gehen dann rechts am portplatz vorbei bergab. Auf einem Feldweg wandern wir in en **Wied il-Hesri** hinunter.

Wir überqueren die brücke und biegen nach rechts auf ein chmales Asphaltsträßchen, das parallel zum Bach verläuft **13Min**). Alle Wege, die links abzweigen und an der Talseite nsteigen, lassen wir unbeachtet. (Dies gilt ganz besonders für en ersten Weg: Er führt zu einer Fabrik für Feuerwerkskörper; Varnschilder und eine rote Fahne machen darauf aufmerksam.) Jächster Orientierungspunkt ist ein kleiner turm. Bald danach berquert der Weg den *wied*. In der Nähe einiger land- wirtschaftlicher gebäude schwenkt der Weg nach links und ntfernt sich vom Wied (**25Min**). Wir folgen nicht dem Weg zum Gehöft hinauf, sondern biegen nach rechts und kehren bald in en Talboden zurück. Der schmale *wied* verläuft eingebettet wischen einem höhergelegenen Abschnitt der Siggiewi/ ebbug-strasse und hohen Terrassenmauern (etwa **35Min**).

Dann (knapp **40Min**) kommt von links ein weiterer Wied und ine Straße. Vor uns liegt eine Bushaltestelle bei **Hal Mula** an er verbindungsstrasse Siggiewi/Zebbug. Es gibt hier ein Wartehäuschen mit Sitzgelegenheit. Wir folgen dem Pfad unter er strassenbrücke hindurch und gehen geradeaus das Tal inab, das nun zum **Wied Qirda** wird. Links ist eine Böschung rkennbar, auf der die Hauptstraße durch das Tal geführt wer- en sollte. Das Projekt wurde aufgegeben, und die Böschung

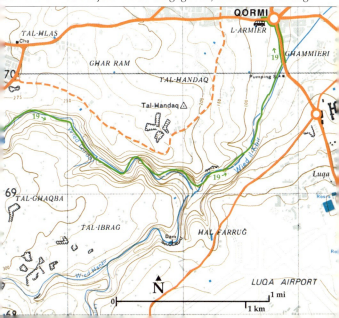

wurde in eine öffentliche Grünanlage umgewandelt. Als näch stes erreichen wir eine Kapelle, die der **Visitation der heilige Elisabeth durch die Jungfrau Maria** geweiht ist (17. Jh.; **45Min** Das Gebäude auf der Rückseite ist ein schönes Beispiel eine wehrhaft befestigten Gehöfts. Das gegenüberliegende Gehö stammt aus dem frühen 18. Jahrhundert.

Wir gehen an einem verlassenen Bauernhaus sowie eine weiteren FABRIK FÜR FEUERWERKSKÖRPER vorbei. Dann schwenk der Weg nach rechts (**55Min**). Das Tal wird enger und steile wir passieren nochmals eine FABRIK FÜR FEUERWERKSKÖRPER (**1St 05Min**). Wir folgen geradeaus einem Pfad; er führt gemächlic zum ausgetrockneten Wasserlauf auf dem Talboden hinab. W suchen uns vorsichtig unseren Weg durch das canyonartige Ta und umgehen große Felsbrocken. Der Pfad bessert sich langsar zum holprigen Weg (**1Std40Min**), während wir den engster Abschnitt des Tals hinter uns lassen.

Nun mündet der **Wied Hanzir** von rechts ein; das gemein same Tal heißt **Wied il-Kbir**. Hier wurde ein Obstgarten ange legt. Wir gehen rechts an einem Bauernhaus vorbei; danac bessert sich die Wegbeschaffenheit. Bauernhöfe, die noc bewirtschaftet werden, Gewächshäuser, eine Gärtnerei, ein weitere Feuerwerkfabrik (!) und Wachhunde auf den Haus dächern begleiten uns, bis wir die stark befahrene QORMI/LUQA STRASSE erreichen (**2Std**). Die Kuppel der modernen Kirche i Qormi ist nun in Sicht; auf der gegenüberliegenden Straßenseite steht die GOVERNMENT FARM. Wir folgen der Straße nach links und erreichen nach fünf Minuten einen Kreisel am Ortsrand vor **Qormi**. Hier biegen wir links auf die TRIQ L-IMDINA (an diese Stelle eine zweispurige Schnellstraße); die BUSHALTESTELLE nach Valletta kommt wenige Meter nach rechts.

Wied Qirda: Kapelle, geweiht der Visitation der heiligen Elisabeth durc die Jungfrau Maria

WANDERUNG 20 MALTA: MARSAXLOKK • BORG IN-NADUR • GUDJA

Siehe auch das Umschlagfoto **Entfernung/Gehzeit:** 8 km; 2.10 Std.
Schwierigkeitsgrad: Leich; Aufstieg 130 Höhenmeter; Abstieg 50 Höhenmeter
Ausrüstung: Feste Schuhe, Sonnenhut, Regenzeug, Proviant, Wasser
Anfahrt: 🚌 27 von Valletta nach Marsaxlokk. Abfahrt alle 30 Minuten (sonntags häufiger); Fahrzeit etwa 35 Minuten
Rückfahrt: 🚌 8 von Gudja nach Valletta

Wo immer man sich auf Malta befindet, stets wird man an die bewegte Geschichte der Insel erinnert. Auch auf dieser Wanderung begegnet uns die Vergangenheit auf Schritt und Tritt. Wir besuchen eine römischen Villa, eine vorgeschichtliche Höhle und eine Siedlung aus der Bronzezeit.

In **Marsaxlokk** schlängeln wir uns **zunächst** an den Ständen am Wasser vorbei und südwärts der Bucht entlang, bis nach knapp **10Min** rechterhand die Straße Triq Kavallerizza kommt. An dieser Stelle kann man nun entweder den leichteren, aber weniger interessanten Weg entlang der Küste zur Ferretti-Batterie und nach Borg in-Nadur nehmen, oder aber man geht nach rechts zur **Kavallerizza** (**15Min**). Zu diesem bezaubernden Gebäude (Foto unten), das einst den Johannitern als Reitschule diente, gehört die angrenzende Kapelle. Unmittelbar nach dem Gebäude biegen wir nach rechts, der Ausschilderung ›Zejtun‹ folgend. Dann (**25Min**) halten wir uns links auf dem höheren der beiden Wege. (An dieser Stelle kann man auch rechts etwa 400 m weitergehen, um einen Abstecher zum wunderschönen Palazzo Il-Marnisi zu machen.)

Nach fünf Minuten kommen wir an einem Haus namens Keyhole mit interessanten schmiedeeisernen Balkongeländern vorbei und biegen nach links ab. Bald führt der Weg zu einem Schrottplatz für Autos. Zwei Minuten danach biegen wir bei einem bunker nach rechts (**35Min**); hier befindet sich ein weiterer Schrottplatz für Autos, diesmal mit angeketteten Hunden. Bei einem Haus (Casa Mema) erreichen wir die Birzebbuga-Hauptstrasse. Wir folgen ihr nach links bergab, an der riesigen

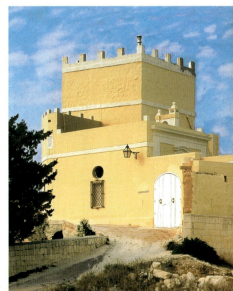

Die Kavallerizza diente den Johannitern einst als Reitschule.

102 Landschaften auf Malta, Gozo und Comino

Höhle **Ghar Dalam** vorbei. Auf der anderen Talseite, direkt gegenüber der Höhle, liegt eine römische Villa mit einer großen in den Fels gehauenen unterirdischen Zisterne. Wir folgen der Ausschilderung nach Borg in-Nadur (über die TRIQ IN-NADUR und gehen den Pfad zum Verteidigungswall hinauf; an manchen Stellen ist er 5 Meter hoch. Als hier in den 1930er Jahren Ausgrabungen stattfanden, wurden eine befestigte Siedlung aus der Bronzezeit, eine Tempelstätte aus der Kupferzeit sowie vorgeschichtliche Doppelrillen entdeckt.

Wir kehren auf demselben Weg zur Uferanlage in Marsaxlokk zurück und folgen der Straße Richtung Birzebbuga. Nach 2-3 Minuten nehmen wir an einer Straßenverzweigung die äußerste rechte Abzweigung (TRIQ BIRZEBBUGA) und biegen nach wenigen Metern rechts auf die TRIQ ID-DAR TA' PULTU. Dieses schmale Sträßchen setzt sich bald als Feldweg zwischen Ackerterrassen fort und endet nach knapp fünf Minuten an einem MASCHENDRAHTTOR. Hier biegen wir rechts auf einen Pfad, der zu einer Felsfläche oberhalb des **Wied Has-Sabtan** führt. Nach fünf bis sechs Minuten erreichen wir eine kleine Steinhütte. Der Pfad schwenkt hier nach rechts, führt über zwei Rohre und biegt hier auf höherem Geländeniveau nach links.

Wir erreichen ein verwahrlostes Gehöft (CASA IPPOLITA), das 1664 von einem sizilianischen Edelmann erbaut wurde (**1Std 25Min**), und folgen dem Pfad nach links (unterhalb des Gehöfts). An einer grünen HÜTTE vorbei wandern wir entlang des Tals. Nach einigen Minuten quert der Pfad das obere Ende des **Wied il-Qoton** (ein Nebenfluß des Wied Has Sabtan); hier ist er schmal und seicht. Wir stoßen auf einen Weg (**1Std35Min**), folgen ihm nach rechts und überqueren beide *wieds*.

Während den nächsten zehn Minuten bilden ein BUNKER sowie eine SÄULE markante Orientierungspunkte. Wir folgen links einem holprigen Weg zwischen hohen Trockenmauern.

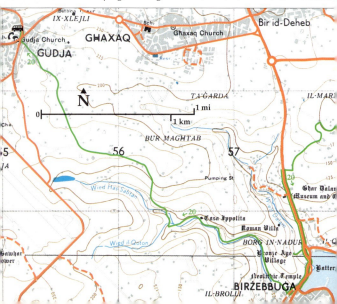

Markt und Hafen in Marsaxlokk

An einer Art Kreuzung (**1Std55Min**) gehen wir geradeaus auf einem sehr schmalen Sträßchen weiter. 15 Minuten später erreichen wir den Ortsrand von **Gudja**. Wir biegen rechts in die Triq San Gorg und gehen sogleich links zur Kirche. Geradeaus an der Kirche vorbei gelangen wir zu einer öffentlichen Grünanlage und der Bushaltestelle (**2Std10Min**).

WANDERUNG 21 MALTA: MARSASCALA • ST THOMAS BAY • IL-HOFRA • DELIMARA POINT • TAS-SILG • MARSAXLOKK

Siehe auch das Umschlagfoto und die Fotos auf Seite 23, 103, 109
Entfernung/Gehzeit: 12,3 km; 3.40 Std.
Schwierigkeitsgrad: Ziemlich leicht, mit einem Auf-/Abstieg über insgesamt 110 Höhenmeter
Ausrüstung: Feste Schuhe, Sonnenhut, Schwimmzeug, Regenzeug, Proviant, Wasser
Anfahrt: 🚌 19 von Valletta nach Marsascala (Abfahrt alle 20 Min.; Fahrzeit 30 Min.), 🚌 20 von Valletta nach Marsascala (Abfahrt stündlich jeweils zehn Minuten vor der vollen Stunde; Fahrzeit 30 Min.) oder 🚌 22 von Cospicua (Drydocks) über Zabbar nach Marsascala (Abfahrt stündlich; Fahrzeit 25 Min.). Im Ortszentrum aussteigen, wo es Bars und Cafés gibt. Man kann auch im Bus bis zum Jerma Palace Hotel weiterfahren, um sich 15 Minuten Gehzeit zu sparen.
Rückfahrt: 🚌 27 von Marsaxlokk nach Valletta
Variante: Marsaxlokk — Tas–Silg — Delimara Point — Tas–Silg — Marsaxlokk (7,5 km; 2.40 Std.; mittelschwer zwischen Marsaxlokk und Tas-Silg, danach ziemlich leicht; Auf-/Abstieg über insgesamt 100 Höhenmeter). Anhand der Karte (siehe gegenüber) folgt man der Hauptwanderung in umgekehrter Richtung an der Tas-Silg Battery vorbei. Dann biegt man nach links und geht zum Küstenpfad hinab. Man schließt sich der Hauptwanderung an der 1Std27Min-Stelle an und folgt ihr nach Marsaxlokk zurück.

Diese Wanderung führt zu herrlichen, geschützten Meeresbuchten, deren kristallklares Wasser in allen Farbschattierungen von Türkisgrün bis Tiefblau erstrahlt. Leider wurden in der Marsaxlokk-Bucht ein Containerhafen sowie ein Kraftwerk errichtet.

Die Wanderung beginnt in **Marsascala**. Wir gehen um die Bucht herum zum **St Thomas Tower** (Foto Seite 109). Unmittelbar nach dem JERMA PALACE HOTEL hat man zwei Möglichkeiten. *Bei gutem Wetter* gehen wir zu den SALINEN am Strand hinab und kraxeln an der felsigen Küste entlang. An einem BUNKER (**25Min**) steigen wir die niedrige Klippe empor, die in die St Thomas Bay vorspringt, und erreichen eine ÖFFENTLICHE GRÜN-ANLAGE (**35Min**). *Bei schlechtem Wetter* ist es am besten, auf Straßen zur Grünanlage zu gehen: Zunächst folgt man der TRIQ IR-RIDOTT, die sich als TRIQ THOMAS ASHBY fortsetzt. Man biegt rechts in die TRIQ PHILIPPE DE VENDOME und geht dann links auf einer breiten Straße weiter (TRIQ IL-QALIET), die zur GRÜNANLAGE führt (**35min**).

Wir begeben uns auf die gegenüberliegende Seite der Grünanlage, wo ein Restaurant mit Blick auf die **St Thomas Bay** steht. An Ferienhäusern vorbei gehen wir am Ufer entlang weiter, bis wir das Ende der Bucht erreicht haben. An einem Gehöft* gehen

---

*Während der Jagdzeit wird man durch Schilder oder das Geräusch von Schüssen eventuell davon abgehalten, die Landspitze **Il-Munxar** zu besuchen. In diesem Fall geht man am Gehöft geradeaus auf einem holprigen Weg weiter (die Gehzeit reduziert sich um etwa 15 Minuten).

wir durch das schmale ZUGANGSTOR (rechts von den weißen Torpfosten) und folgen links einem Fußweg zur Landspitze **Il Munxar**. Rückblickend bietet sich eine schöne Sicht auf die Bucht und ihre burgartigen Türme. Wir gehen entlang der Südostseite der Landspitze, ehe wir sie nach links auf einen Weg verlassen (**1Std10Min**). Bald fällt eine große SENDESTATION mit rot-weißen Masten auf, neben der eine kleine Kapelle (dem hl. Paulus geweiht) steht — ein sonderbares Ensemble. Die Sendestation nimmt einen Großteil der **Halbinsel Xrobb il-Ghagin** ein, doch können wir sie im Südwesten umgehen und einen Abstecher von etwa 800 m zur Landspitze machen.

An der Stelle, wo die Straße scharf nach rechts knickt, biegen wir links auf einen Weg ab (etwa **1Std20Min**). Nach 30 m schwenkt dieser Weg nach rechts. Wir folgen ihm nur zwei Minuten bis zu einem kleinen LANDWIRTSCHAFTLICHEN GEBÄUDE. Links davon nehmen wir einen Pfad und wandern am Rande

Blick von Tal-Munxar nach Norden auf die St Thomas Bay und Marsascala

Wanderung 21 Malta: Von Marsascala nach Marsaxlokk

von Ackerterrassen entlang, bis wir auf einen Weg stoßen, der von rechts heranführt (**1Std27Min**). *(Die Variante, die von der Tas-Silg Battery kommt, mündet hier ein.)* Links wandern wir auf einem Pfad in einer gerölligen Bresche zwischen einigen Büschen weiter. Er führt nach **Il-Hofra z-Zghira** (Die Zyklopen). Wind und Wetter haben diese seltsamen Felsformen geschaffen. Nach zehn Minuten erreichen wir das südliche Ende der Bucht; am Klippenrand steht ein GESCHÜTZSTAND (**1Std37Min**). Ab hier folgen wir einem Weg zum Bauernhaus in **Il-Qali** (**1Std 40Min**). Dann setzt sich der Küstenpfad oberhalb herrlicher Buchten fort, die im flachen Uferbereich von glitzernden Salzpfannen gesäumt werden. Wir umrunden Il-Qali; fünf Minuten später kommt eine kleine, reizende Bucht in Sicht. Nach weiteren fünf Minuten verläuft der Pfad oberhalb von **Peter's Pool**. Hier läßt sich herrlich schwimmen oder picknicken; im Hintergrund stehen Silber-Akazien (Picknick 21a).

Unser nächstes Ziel heißt **Tumbrell Point**; wir halten uns an der Küste. Wir erreichen eine kleine Bucht mit Salzpfannen und einer Höhlenbehausung in den Klippen (knapp **2Std**). *Vorsicht vor den angeketteten Hunden.* Wir gehen etwas landeinwärts in Richtung des entfernten Leuchtturms und gelangen auf einen Feldweg. Er setzt sich als holprige Straße fort und führt an Sommerhütten vorbei in die tief eingeschnittene Bucht **Il-Qala t-Tawwalija** (Picknick 21b; **2Std10Min**). Wir folgen dem Pfad um die Bucht herum, bis er bei einem BUNKER auf eine Staubstraße einmündet, und gehen zur nächsten hufeisenförmigen Bucht weiter; sie wird von Salzpfannen gesäumt. An dieser Stelle ist das Ufer kahl und exponiert, doch Akazien und Oleander im Hintergrund mildern den Anblick.

Die Staubstraße führt zum **Delimara Point** (**2Std25Min**), wo sich vor der Küste eine flache Felsinsel erhebt. Die Straße schwenkt nun an alten, teilweise vom zweiten Regiment des maltesischen Militärs genutzten Militäranlagen vorbei und führt nach Norden und führt zum LEUCHTTURM hinauf (**2Std40Min**). Nach einigen Minuten erreichen wir das eindrucksvolle **Fort Delimara** mit seinem tiefen Graben; es wurde 1881 von den Briten errichtet. Vom Eingang genießt man einen schönen Blick auf den Hafen von Kalafrana.

Von hier gehen wir etwa eine Minute auf demselben Weg zurück und biegen dann links ab. Wir folgen der Kammstraße und kommen am KRAFTWERK vorbei (**3Std**). (Auf der gegenüberliegenden Straßenseite steht die Residenz von Dom Mintoff, dem früheren Premier-Minister). Wir folgen der ruhigen Straße bis zur **Tas-Silg-Batterie** (**3Std15Min**) und biegen hier links auf einen Weg ab, der zur ZUFAHRTSSTRASSE für das Kraftwerk hinunterführt. Wir folgen ihr 50 m nach rechts und biegen dann links auf eine Straße ab, die in das farbenfreudige **Marsaxlokk** führt (**3Std40Min**). Bevor man in diesem größten Fischerdorf Maltas die Bushaltestelle in der Hauptstraße ansteuert, sollte man den Markt besuchen, der unter freiem Himmel abgehalten wird.

WANDERUNG 22 MALTA: MARSASCALA • ZONQOR POINT • SAN LEONARDO • XGHAJRA • MARSASCALA

S.a. das Fotos auf S. 22 **Entfernung/Gehzeit:** 9,1 km; 2.10 Std

Schwierigkeitsgrad: Leicht; Aufstieg 220 Höhenmeter; Abstieg 90 Höhenmeter

Ausrüstung: Feste Schuhe, Sonnenhut, Regenzeug, Proviant, Wasser

An- und Rückfahrt: 🚌 19 von Valletta nach Marsascala (Abfahrt alle 20 Min.; Fahrzeit 30 Min.), 🚌 20 von Valletta nach Marsascala (Abfahrt stündlich jeweils zehn Minuten vor der vollen Stunde; Fahrzeit 30 Min.) oder 🚌 22 von Cospicua (Drydocks) über Zabbar nach Marsascala (Abfahrt stündlich; Fahrzeit 25 Min.). An der Kirche von Marsascala aussteigen. (Einige Busse fahren über die Triq Sant' Antnin. In diesem Fall steigt man an der Uferpromenade aus und gelangt in 5-7 Min. zur Kirche.) Rückfahrt mit denselben Buslinien (wie auf Seite 110 beschrieben).

Kurzwanderung 1: Marsascala — Zonqor Point — Blata l–Bajda — Xghajra (5 km; 1.30 Std.; leicht, mit einem Auf-/Abstieg über 50 Höhenmeter). Man folgt der Wegbeschreibung bis zum Bunker (50Min), geht zum Küstenpfad hinab und wendet sich nach links zur Kirche von Xghajra. Rückfahrt von dort mit 🚌 21 nach Valletta.

Kurzwanderung 2: Xghajra — Blata l–Bajda — Marsascala (3.5 km; 1.05 Std.; leicht, mit einem Aufstieg über 45 Höhenmeter und einem Abstieg über 30 Höhenmeter). Man nimmt 🚌 21 von Valletta zur Bushaltestelle an der Kirche von Xghajra in der Triq il-Knisja. Ab hier folgt man der Hauptwanderung nach Marsascala.

Eine Wanderung der Gegensätze: Auf einer Anhöhe wandern wir gemächlich mit schönen Ausblicken und einigen architektonischen Sehenswürdigkeiten, während der Küstenabschnitt an Meeresbuchten und Landzungen, Wachttürmen und Forts vorbeiführt.

Wir verlassen den Bus an der KIRCHE in **Marsascala** und gehen **zunächst** um die Nordseite der reizenden Bucht herum. Während des ersten Teils der Wanderung kann man direkt am Ufer vor den Häusern entlanggehen. Unser erstes Ziel ist der **Zonqor Point** (18Min); der Blick schweift über die Bucht zum St Thomas

Kapelle, dem hl. Leonardus geweiht, bei Xghajra

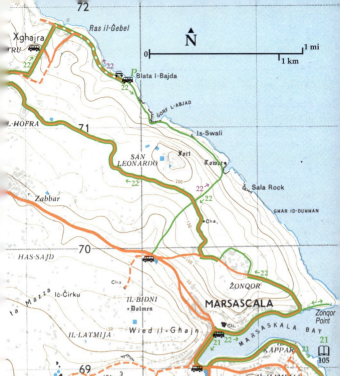

Tower. Von hier gehen wir etwa drei Minuten zurück, ehe wir der Triq il-Blajjiet nach rechts bergauf folgen. Dann biegen wir nach rechts in die Triq Ghazqet l-Ghajn (**30Min**). Wir folgen ihr, bis sie wieder auf die Triq il-Blajjiet stößt, und gehen hier rechts bergab. Nach 100 m biegen wir rechts auf eine Straße ab (**40Min**). Die Straße führt zunächst an einem Gehöft vorbei, bevor sie nach links schwenkt und sich verbreitert. Nun wandern wir gemächlich weiter; nach Westen bieten sich schöne Ausblicke auf das Tal. Wir gehen an der reizenden kleinen Kapelle vorbei, die auf Seite 110 abgebildet ist (**45Min**; laut Inschrift über der Tür aus dem Jahre 1761). Unser nächster

Der St Thomas Tower wird auf Wanderung 21 besucht

Orientierungspunkt ist ein BUNKER, der nach fünf Minuten kommt (**50Min**). *(Hier geht Kurzwanderung 1 zum Küstenpfad hinunter.)* Bald erhebt sich rechterhand das einst mächtige **Fort San Leonardo**. Auch dieses Bauwerk wurde von den Briten errichtet; heute ist es verschlossen, und Kühe haben das Gelände in Besitz genommen.

Nachdem wir an der DELSON HORSE FARM und der SUNRISE FARM vorbeigekommen sind (**1Std**), schwenkt die Straße nach rechts. An der nächsten Biegung kommt das wunderschöne alte Haus, das auf Seite 108 abgebildet ist; zum Gebäude gehört eine Kapelle. Zehn Minuten später erreichen wir ein großes Gehöft namens IZ-ZUMBACC. Danach biegen wir an einem Kreisel rechts nach Xghajra (gut **1Std10Min**). Nach ein paar Minuten wenden wir uns links in die TRIQ ORLANDO ZABBAR, die in die TRIQ IL-KNISJA einmündet. **Xghajra** ist ein von Maltesern frequentierter Ferienort, bietet jedoch einen desolaten Anblick. Wir steuern die Küste mit ihren vielen Wachttürmen an und wenden uns südostwärts nach Marsascala zurück. Unmittelbar nach Xghajra erhebt sich rechterhand hoch oben das Fort San Leonardo.

Wir folgen weiterhin dem Küstenpfad, der stellenweise nur wenige Meter vom Meer entfernt verläuft. An stürmischen Tagen sieht man die Gischt hoch aufbrausen, während das Wasser bei ruhiger See in grünen bis blauen Farbschattierungen erstrahlt. Nächster Orientierungspunkt sind die Salzpfannen bei **Blata l-Bajda** (Picknick 22). Dann erreichen wir die kleine Bucht **Gorf l-Abjad** (Der weiße Golf; **1Std45Min**). Zehn Minuten später, bei einer kleinen Bucht mit zwei BUNKERN und einem WACHTTURM, gehen wir nach rechts zu einem Weg hinauf. Wir folgen dem Weg fünf Minuten steil bergauf und gelangen bei dem großen BUNKER, der uns vom Hinweg bekannt ist, wieder auf die Höhenstraße (**2Std**). Wir gehen geradeaus ein schmales Sträßchen zwischen Ackerterrassen hinab. Nach knapp zehn Minuten erreichen wir die VERBINDUNGSSTRASSE MARSASCALA-ZABBAR (**2Std 10Min**), wo man den Bus in Richtung Marscascala nehmen sollte, da die Busse eine Rundfahrt durch den Ort machen, ehe sie nach Valletta oder Cospicua zurückfahren.

Nach 45 Minuten kommen wir an dieser wunderschönen Kapelle (18. Jh.) vorbei.

WANDERUNG 23 GOZO: VICTORIA • ZEBBUG • XWIENI BAY • HEKKA POINT • GHARB • VICTORIA

Entfernung/Gehzeit: 16 km; 4.10 Std.

Schwierigkeitsgrad: Leicht; der Weg zum Hekka Point ist etwas beschwerlich; Auf-/Abstieg über insgesamt 170 Höhenmeter

Ausrüstung: Feste Schuhe, Sonnenhut, Regenzeug, Proviant, Wasser

An- und Rückfahrt: 🚢 von Malta zum Hafen von Mgarr, dann 🚌 25 von Mgarr nach Victoria; Busfahrzeit 10 Minuten

Kürzere Wanderung 1: Victoria — Ghasri — Victoria (11,2 km; 3 Std.; leicht, mit einem Auf-/Abstieg über 30 Höhenmeter). Der Hauptwanderung zum Wied il-Ghasri folgen, dann jedoch links den holprigen Weg von der Küste zur Ortschaft Ghasri hinaufgehen. Von hier kann man nach Victoria auf der Straße zurückkehren.

Kürzere Wanderung 2: Victoria — Zebbug — Wied il-Ghasri — Xwieni Bay — Marsalforn (8,5 km; 2.55 Std.; leicht, mit einem Anstieg über 30 Höhenmeter und einem Abstieg über 140 Höhenmeter). Man folgt der Hauptwanderung nach Zebbug. An der Kirche wendet man sich links in die Triq il-Knisja; dann biegt man links in die Triq Gakra. Man folgt einem Weg zehn Minuten hinab und geht dann geradeaus über eine Kreuzung hinweg (bei einem umgewandelten Bauernhaus). Eine Minute später folgt man dem Weg im Rechtsschwenk zur Küste und schließt sich der Hauptwanderung wieder an der 2Std05Min-Stelle an. Nun folgt man der Hauptwanderung anhand der Karte (in umgekehrter Richtung) zu Xwieni Bay und nach Marsalforn. Rückfahrt nach Victoria mit 🚌 21.

Alternative walk: Victoria — Zebbug — Wied il-Ghasri — Hekka Point — Birbuba — Santu Pietru — San Lawrenz — Dwejra Bay (14,2 km; 3.55 Std.; Schwierigkeitsgrad wie Hauptwanderung (Abstieg über 260 Höhenmeter). Man folgt der Kürzeren Wanderung 2 zu der Stelle, wo sie wieder auf die Hauptwanderung einmündet. Nun folgt man der Hauptwanderung von der 2Std05Min-Stelle nach Birbuba (3Std10Min). Fünf Minuten später, statt geradeaus nach Gharb weiterzuwandern, wendet man sich rechts in die Triq Mongur. Beim Erreichen des Weilers Santu Pietru biegt man am Platz nach rechts. Drei Minuten später geht man links auf der Triq il-Wileg weiter. Nachdem man die Kirche in San Lawrenz erreicht hat, biegt man rechts in die Triq id-Duluri und folgt der Straße zur Dwejra Bay (Wanderung 24, Karte Seite 116-117). Rückfahrt mit 🚌 91 nach Victoria; man kann auch anhand der Wegbeschreibung auf Seite 118 nach Victoria wandern.

Auf diesem ländlichen Streifzug wandern wir von Victoria zur verstreuten Häuseransammlung des Bergdorfs Zebbug hinauf. Anschließend führt der Pfad zu den Salzpfannen an der Küste hinab. Wir wandern zur Nordwestspitze der Insel weiter, bevor wir wieder in die Zivilisation zurückkehren.

Am Busbahnhof in **Victoria** biegen wir **zunächst** nach rechts und gehen geradeaus über die Kreuzung, um der MARSALFORN-STRASSE zu folgen. Wir halten uns an der GOZO-GARAGE links (**3Min**), umrunden die ZITADELLE an ihrem Fuße und erreichen eine VERZWEIGUNG bei einem Restaurant (**10Min**). Hier nehmen wir nicht die direkte Route rechts nach Zebbug, sondern gehen links weiter und folgen dem ruhigen Sträßchen in Richtung Ghasri. Wir durchqueren das **Sara Valley** (nach starken Winterregen bekommt man hier eventuell nasse Füße) und schlängeln

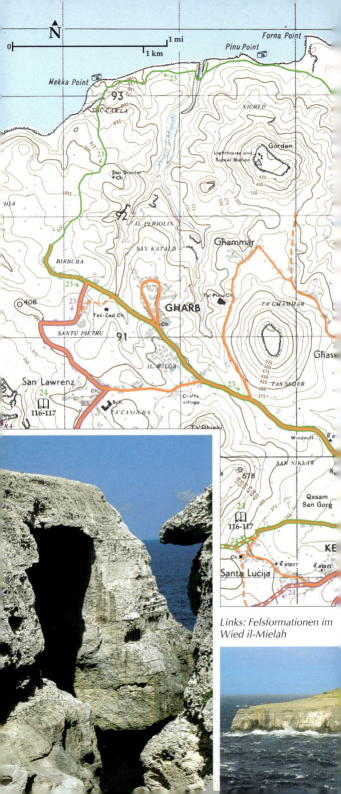

Links: Felsformationen im Wied il-Mielah

Unten: Forna Point, der entlegene Nordwestzipfel von Gozo, auf dem Weg zum Hekka Point (links); Xwieni Bay und Salinen (rechts)

114 Landschaften auf Malta, Gozo und Comino

uns durch kleine grüne Felder, die von flachen Anhöhe unterbrochen sind. Nach zehn Minuten kommt die Kirche vo Ghasri in Sicht (**20Min**). Fünf Minuten später biegen wir nac rechts. Nach zehn Minuten erreichen wir einen FRIEDHOF (**35Min** Hier wenden wir uns nach links und beginnen bald mit der Anstieg nach Zebbug. Es ist egal, welcher Straße wir durc **Zebbug** oben auf der Anhöhe folgen. Am gegenüberliegende Ortsrand gelangen wir auf jeden Fall auf die Straße, die i Spitzkehren zur Küste hinabführt. Auf dem steilen Abstie begleiten uns großartige Ausblicke auf die Salzpfannen un merkwürdigen Felsformationen an der Küste.

Wir erreichen die **Xwieni Bay** (Picknick 23; Foto Seite 113 etwa **1Std30Min**); ihr Name leitet sich von dem galeerenför migen Felsen ab, der die Bucht beherrscht. Wir wenden uns nac links und umgehen die Bucht auf einer Betonstraße, die sich nac 15 Minuten asphaltiert fortsetzt. Dann biegen wir rechts auf ei schmales Asphaltsträßchen ab (etwa **1Std55Min**), das in ei flaches kleines Tal führt. Das Sträßchen setzt sich bald a holpriger Weg fort. Wir biegen nach links und folgen einem Pfa einige Minuten lang parallel zum **Wied il-Ghasri**. Der Pfac verbessert sich allmählich zum Weg. Sobald der Wied flach wird wechseln wir auf die andere Seite über, wo ein holpriger Weg von Ghasri und Zebbug herabführt (**2Std05Min**). *(Die Kürzere Wanderung 1 biegt hier links ab; die Kürzere Wanderung 2 und die Variante münden hier in die Hauptwanderung.)* Wir folger diesem holprigen Weg nach rechts; bald verläuft er parallel zu den Klippen (**2Std10Min**). Auf der Anhöhe zur Linken steht de Leuchtturm von Gordan. Wir erreichen den **Wied il-Mielal** (**2Std25Min**); hier mündet eine weitere Straße ein (von Ghamma kommend). Dort, wo sich der Wied zum Meer hin öffnet, gibt e einen spektakulären Felsbogen in den Klippen (für den Absteche zu den Klippen kommen fünf Minuten hinzu; man sollte ir sicherer Entfernung vom Klippenrand bleiben!).

Ein Weg führt uns nun zu einem Gebiet, wo der Wind der weicheren Kalkstein erodiert hat, so dass es fast wie ein Steinbruch aussieht. Von hier wandern wir über den **Forna Point** (Fotc S. 112-113) zum wilden und kargen **Hekka Point** (**2Std45Min**), wo sich der Pfad als Weg fortsetzt und von der Küste entfernt. Be mehreren grauen Steingebäuden (eine FEUERWERKFABRIK; **2Std 55Min**) biegen wir nach links. Zwei Minuten später wenden wir uns bei zwei kleinen Steinhütten rechts in die TRIQ TA' SAN DIMITR (die Kirche San Dimitri ist links zu sehen). Das schmale Sträßcher schlängelt sich in den reizenden Weiler **Birbuba** (**3Std10Min**). *(Die Variante biegt nach ungefähr fünf Minuten nach rechts.)*

Wir erreichen **Gharb** (**3Std25Min**) und machen auf dem Hauptplatz bei der Polizeistation eine Pause, um den traditionellen Baustil der Häuser und das schöne Marktkreuz zu bewundern. Nach zehn Minuten erreichen wir die HAUPTVERBINDUNGSSTRASSE SAN LAWRENZ/VICTORIA, der wir nach links folgen. Wir passieren den **Gelmus Butte** (links), der höher ist als die von der Zitadelle gekrönte Anhöhe, und erreichen **Victoria** (**4Std10Min**).

WANDERUNG 24 GOZO: VICTORIA • XLENDI • DWEJRA BAY • SANTA LUCIJA • VICTORIA

s. das Foto auf Seite 25   **Entfernung/Gehzeit:** 16,3 km; 5 Std.

Schwierigkeitsgrad: Leicht, mit Ausnahme des steilen Aufstiegs hinter Xlendi, der nur trainierten Wanderern zu empfehlen ist (Variante 2 meidet diesen Aufstieg). Auf-/Abstieg über insgesamt 270 Höhenmeter

Ausrüstung: Feste Schuhe, Sonnenhut, Schwimmzeug, Regenzeug, Proviant, Wasser

An- und Rückfahrt: Wie Wanderung 23, Seite 111

Kurzwanderung: Victoria — Xlendi — Victoria (7,3 km; 1.40 Std.; leicht, mit einem Auf-/Abstieg über 90 Höhenmeter). Der Hauptwanderung nach Xlendi folgen, dann über die im Xlendi-Tal ansteigende Straße direkt nach Victoria zurückkehren.

Variante 1: Victoria — Kercem — Dwejra Bay — Victoria (13,6 km; 3.50 Std.; leicht, mit einem Auf-/Abstieg über 160 Höhenmeter). Die Straße von Victoria nach Kercem nehmen und auf der Kammstraße, die parallel zur Xlendi Bay verläuft, der Hauptwanderung ab der 1Std 5Min-Stelle folgen.

Variante 2: Victoria — Xlendi — Santa Lucija — Dwejra — Victoria (20,2 km; 5 Std.; leicht; Aufstieg: 160 Höhenmeter; Abstieg: 270 Höhenmeter). Auf dieser Route vermeidet man den steilen felsigen Aufstieg hinter Xlendi. Der Hauptwanderung bis Xlendi folgen, dann die Straße Richtung Victoria hinaufgehen. 15 Minuten nach Xlendi an einer winzigen Kreuzung neben einem Buswartehäuschen links auf eine schmale Straße abbiegen, die sich durch Felder bergaufschlängelt. Man erreicht nach fünf Minuten den Weiler Ta' Ghajn Tuta. Hier links auf eine schmale Straße in Richtung Meer abbiegen. An allen Abzweigungen vorbei geht es oberhalb der Felder entlang. Am Ortsrand von Kercem (35 Minuten nach Xlendi) die erste Straße nach links nehmen gegenüber einem Haus namens Mater Dolorosa). Nach zwei Minuten an einer Bushaltestelle links abbiegen. Weitere zwei Minuten später bei einem Briefkasten nach links auf die Triq Qasam San Pawl gehen. Nach fünf Minuten an der Linksabzweigung einer Straße und eine Minute später an einer Rechtsabzweigung vorbeigehen. Einige Minuten später führt ein Weg von links heran: Man gelangt an der 1Std45Min-Stelle wieder auf die Route der Hauptwanderung und folgt ihr bis zum Ende.

In dem malerischen Fischerdorf Xlendi genießen wir den Blick auf die bunten Boote, die sich im Hafen träge auf und ab bewegen, bevor wir den steilen Aufstieg in Angriff nehmen, der

Klippen an der Dwejra Bay

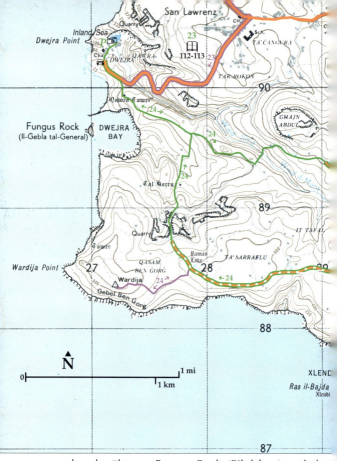

uns zu dem berühmten Fungus Rock (Pilzfelsen) und dem Binnenmeer führt.

Ausgangspunkt ist der BUSBAHNHOF in **Victoria**: Wir biegen nach links und folgen der Ausschilderung nach XLENDI. Nach **5Min** biegt die Straße rechts nach Xlendi ab, doch wir gehen geradeaus nach Munxar weiter. Am Rand von **Munxar** biegen wir nach rechts in den Ort hinein (**20Min**) und gehen an der KIRCHE sowie dem zentralen Platz vorbei. Dann biegen wir links auf die TRIQ DUN SPIR GAUCI und steigen in südlicher Richtung an. Nach zwei Minuten (**22Min**) biegen wir erst nach rechts, dann sogleich nach links in die TRIQ ZGHAWRI (ausgeschildert zu den Sanap Cliffs). Bald biegen wir rechts ab (**30Min**) und folgen der Straße, die ein Stückchen landeinwärts parallel zur Küste verläuft. An der zweiten der unmittelbar aufeinander folgenden Abzweigungen (**35Min**) biegen wir links auf einen Weg, der sich bald als Pfad fortsetzt. Er führt in das durch Steinmauern begrenzte Flußbett hinein und dann direkt auf die Klippen zu. An einem PFOSTEN unmittelbar vor einem verfallenem Gebäude biegen wir nach links ab. Am oberen Ende einer fjordähnlichen Bucht gehen wir nach rechts über eine FUSSGÄNGERBRÜCKE aus Stein (**50Min**; an dieser Stelle kann man einen Abstecher zum

Xlendi Tower machen). Die sandige **Xlendi Bay** (**1Std**), geschützt zwischen steilen Klippen gelegen, ist zweifellos eines der entzückendsten Plätzchen der Insel (Picknick 24a).

Wir setzen die Wanderung auf der anderen Seite der Bucht fort, wo uns ein steiler Aufstieg über Stufen erwartet, die an der Felswand hochführen. Ab hier steigen wir die Felswand empor. (Die ersten 20 Höhenmeter sind so steil, daß wir die Hände beim Aufstieg benutzen müssen.) Uns erwartet ein hinreißender Ausblick. Wir steuern zunächst einen STEINERNEN JAGDUNTERSTAND an und entdecken einen Pfad, den wir zu einem kleinen Weg (hinter Ackerterrassen) hinaufgehen. Wir folgen dem Weg landeinwärts (in nördlicher Richtung). Nach etwa 10 Minuten stoßen wir auf ein schmales Sträßchen, das auf der ANHÖHE verläuft (**1Std45Min**), und folgen ihm nach links (Westen). Fünf Minuten später gehen wir an einer Rechtsabzweigung vorbei. An einer Verzweigung halten wir uns links und folgen dem weißen Pfeil. Zwei weiß-rote Sendemasten stehen etwa 250 m rechts des Weges.

Wir erreichen einen kleinen Teich im Fels (etwa **2Std**; dies ist der ROMAN LAKE). Hier kann man einen Abstecher zum Wardija Point machen, einer bedeutenden archäologischen

118 Landschaften auf Malta, Gozo und Comino

Stätte; die Abzweigung liegt gegenüber dem Teich. Die Hauptwanderung führt jedoch am Teich nach rechts. Fünf Minuten später, kurz nachdem wir zwischen zwei Steinbrüchen hindurchgegangen sind, biegen wir nach rechts. Sogleich biegen wir dann nach links (nach rechts käme man in einen Steinbruch). Eine Minute später wenden wir uns erneut nach links und folgen einem Weg in einen flachen Wied hinab. Wir durchqueren den *wied*; der Weg steigt dann zwischen Terrassen an (Foto unten) und stößt auf einen Fußweg, dem wir nach links zum **Qawra Tower** folgen (**2Std45Min**). Zu unseren Füßen liegt die einst völlig von Land umgebene **Dwejra Bay**; von ihrem Außenrand ist einzig der **Fungus Rock** (Foto Seite 26) erhalten. Auf diesem Felsen war einst eine seltene Pilzart anzutreffen, die von den Johannitern wegen ihrer Heilkräfte geschätzt wurde. Vom Turm gehen wir zu dem Felsbogen und der kleinen KAPELLE bei **Dwejra** hinüber. Dann erreichen wir das **Binnenmeer**; diese riesige eingestürzte Höhle liegt zwischen der Kapelle und den Klippen (**3Std15Min**). Durch die Gischt, die wie zarter Nebel in der Luft liegt, wirkt diese prachtvolle Gegend geradezu märchenhaft (siehe das Foto auf Seite 115).

Wir gehen auf demselben Weg zum Qawra Tower zurück. Wir folgen dem Hinweg bis zu der Stelle, wo der Fußweg auf den Weg stößt, den wir vom *wied* heraufgestiegen sind (**4Std**). Hier gehen wir geradeaus auf einem schmalen Pfad weiter und kommen an einem STEINBRUCHGEBÄUDE vorbei. Zehn Minuten später biegen wir an einer Wegkreuzung (bei einem großen Haus) links ab. Auf einer schmalen BRÜCKE überqueren wir den **Wied Ilma**. Nach wenigen Minuten halten wir uns bei einem Bauernhaus rechts; eine erfrischende QUELLE speist Tröge am Straßenrand. Oben am Hang öffnen sich Höhlen, die den ersten Bewohnern der Insel als Behausung dienten. Eine schmale Straße führt uns in die hübsche Ortschaft **Santa Lucija** (**4Std30Min**). An dem friedvollen Platz halten wir uns links und verlassen den Ort auf einem spärlich von Bäumen gesäumten Straßenabschnitt. Nach Passieren von Pumpstation und RESERVOIR befinden wir uns auf dem Heimweg nach **Victoria** (**5Std**).

Aufstieg vom wied *zum Qawra Tower*

WANDERUNG 25 GOZO: MGARR • MELLIEHA POINT • MGARR IX-XINI • SANNAT • VICTORIA

Siehe das Foto auf S. 25   **Entfernung/Gehzeit:** 7,5 km; 2.45 Std.

Schwierigkeitsgrad: Mittelschwer; etwas Kletterei zwischen Mgarr und Mgarr ix-Xini. Wanderer, die nicht schwindelfrei sind, sollten anfangs der Regenwetter-Route folgen. Aufstieg über etwa 180 Höhenmeter, Abstieg über 75 Höhenmeter (je nach Route)

Ausrüstung: Feste Schuhe, Sonnenhut, Schwimmzeug, Regenzeug, Proviant, Wasser

An- und Rückfahrt: 🚌 von Malta zum Hafen von Mgarr; falls man auf Gozo untergebracht ist, 🚌 25 von Victoria nach Mgarr; Fahrzeit 10 Min.

Kurzwanderung 1: Mgarr — Mgarr ix-Xini — Mgarr (4,3 km bis zum Turm; 1.15 Std.; mittelschwer, mit einem Aufstieg über 140 Höhenmeter, Abstieg über 40 Höhenmeter). Der Hauptwanderung nach Mgarr ix-Xini folgen. Statt jedoch die Bucht zu durchqueren, auf ihrer Ostseite halten und die holprige Straße zum Hubschrauberplatz und dem Santa Cilja-Tower hinaufgehen. 🚌 25 nach Victoria oder dem Hafen von Mgarr nehmen oder der Hauptstraße zum Hafen folgen. (Man kann auch der schmalen Straße folgen, die gleich südlich des Hubschrauberplatzes rechts abzweigt; sie führt zur Triq Ta' Cordina in Ghajnsielem).

Kurzwanderung 2: Mgarr — Ghajnsielem — Mgarr (4,8 km; 1.25 Std.; mittelschwer, mit einem Auf/Abstieg über 75 Höhenmeter). **Nur bei trockenem Wetter geeignet.** Der Hauptwanderung zur KAKTEENHECKE folgen (35Min), dann nach rechts einen Weg bergaufgehen (an einem Ententeich vorbei). Man erreicht Ghajnsielem. Am Ortsrand erst nach links biegen, dann nach rechts (an einem Haus namens Madonna Ta' Pinu). Nach Norden der Triq Ta' Cordina folgen, die Hauptstraße überqueren und der Triq Ghajnsielem in das verschlafene Ortszentrum folgen. Die Triq Il-Fawwara führt zu einem hervorragenden Aussichtspunkt über den Hafen von Mgarr. Unmittelbar hinter dem Aussichtspunkt gelangt man über Stufen auf die Straße, die zum Hafen hinabführt.

Variante: Mgarr — Xewkija (6,7 km; 2 Std.; Schwierigkeitsgrad wie Kurzwanderung 1). Der Hauptwanderung nach Mgarr ix-Xini folgen. Zur Westseite der Bucht hinübergehen und der schmalen Straße folgen, die im Wied Hanzira hinaufführt. Man wendet sich nach rechts durch Xewkija und geht (entsprechend der Karte) zur Ampel auf der Nordseite der Ortschaft, von wo man mit dem 🚌 25 nach Victoria oder Mgarr zurückfahren kann.

Die hektische Betriebsamkeit am Hafen in Mgarr ist auf dieser Wanderung bald vergessen. Unsere Tour führt nach Westen in eine großartige Küstenlandschaft mit fast allseitig umschlossenen Buchten, die teilweise versteckt unter Klippen liegen. In Sannat begegnen uns schwarzgekleidete Frauen, und Bauern stehen mit der Hacke in der Hand nachdenklich am Feldrain — ein Bild, das sich seit Jahrhunderten nicht verändert hat.

Es gibt zwei Möglichkeiten, diese Wanderung am Hafen von **Mgarr zu beginnen**; beide Routen führen nach 25 Minuten an einer Gruppe von Bootshäusern wieder zusammen.

Bei trockenem Wetter überqueren wir den Kai und die Parkplätze und gehen auf einige LÄDEN zu. Neben den Läden führen links STUFEN zu unserem Weg hinauf. Er verläuft hinter den Läden und verengt sich bald zu einem Fußweg, der an der Küste entlangführt. Anfänglich (auf den ersten 100 m) folgen wir dem

120 Landschaften auf Malta, Gozo und Comino

Weg, der am Hang ansteigt; dann biegen wir links auf eine[n] Pfad ab. Auf einem kurzen Abschnitt ist der Pfad ziemlic[h] beschwerlich, aber er bessert sich schon bald (**10Min**) a[n] einigen ummauerten Gärten und WINDSCHUTZHECKEN AUS ROHI[...] Wir dürfen nicht zu tief hinuntergehen; der Pfad verläu[ft] oberhalb der Felsen bis zu den **Tafal-Klippen** mit ihren Hänge[n] aus blauem Ton (**12Min**) und führt dann zum Ufer an de[r] Landspitze **Mellieha Point** hinab (**20Min**). Wir gehen um di[e] Bootshäuser und wandern am Strand entlang weiter. Nach etw[a] fünf Minuten stoßen wir bei einer weiteren Gruppe von BOOTS[-] HÄUSERN auf einen Weg (**25Min**), der von Ghajnsielem hinab[-] führt ('die ›Regenwetter-Route‹').

   Bei Regenwetter gehen wir die SHORT STREET bergauf un[d] biegen an der VELSON WINERY (**5Min**) links auf die TRIQ LOURDE[S] ab. Hier lassen wir den Verkehr hinter uns und genießen eine[n] schönen Blick auf den Hafen von Mgarr. Nach einigen Minute[n] (fast oben auf der Anhöhe) gelangen wir wieder auf die HAUPT[-] VERBINDUNGSSTRASSE MGARR/VICTORIA. Links mündet eine Straße

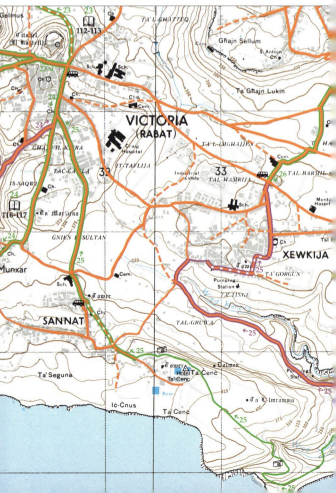

Wanderung 25 Gozo: Von Mgarr nach Victoria

in, die vom Fort Chambray heranführt. (Ein Abstecher auf einem betonierten Fußweg würde zu den Toren des Fort Chambray mit einen eindrucksvollen Mauern und Gräben führen. Das Fort tammt aus dem Jahre 1749 und war eines der letzten großen auprojekte der Johanniter.) Wir gehen an der Hauptstraße weiter und biegen nach knapp fünf Minuten (**15Min**) links auf die TRIQ TA' CORDINA ab (bei ein Haus namens THE HAVEN). Unsere oute führt durch einige Vorortstraßen von **Ghajnsielem**. unächst biegen wir nach einigen Metern an FRANK'S GARAGE ach rechts ab. Eine Minute später biegen wir links auf einen etonweg (TRIQ IX-XATT L-AHMAR), der bergab führt. Wir kommen n einem kleinen TEICH und einem Bauernhaus vorbei, bevor wir n einigen BOOTSHÄUSERN die Küste erreichen (**25Min**).

Beide Routen führen von den Bootshäusern nach Westen. Wir ehen auf einem breiten Fahrweg an einer prächtigen KAKTEEN-ECKE vorbei (**30Min**), wo Kurzwanderung 2 auf einem Weg andeinwärts führt. Wir gehen auf einem Fußweg weiter, der arallel zu den Feldern auf der dem Meer zugewandten Seite ver-

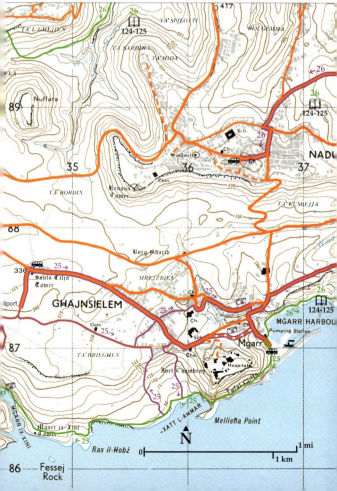

Die Tafal-Klippen am Mellieha Point

läuft. Dann steigen wir zu einer aus dem Fels geschnittene RAMI ab (**45Min**); hier gibt es weitere SALZPFANNEN (und eine Abwasserabfluß). Nächster Orientierungspunkt ist der Wach turm am Eingang des **Mgarr ix-Xini** (Hafen für Galeeren; knap **1Std**). Diese fjordähnlich eingeschnittene Bucht diente de Johannitern offenbar als Haupthafen — ein herrliches Plätzche zum Schwimmen, Fischen und für Bootsfahrten (Picknick 25 Hier gedeihen auch der seltene spanische Ginster und wild Aloen.

Nach knapp 15 Minuten erreichen wir die Mündung de *wied*. Auf der gegenüberliegenden Seite folgen wir der schma len Straße nach rechts, passieren einen WASSERTANK und gehe nach 50 m an einer Ausweichstelle der Straße links durch ein Mauerbresche. Wir gelangen auf eine geteerte Straße und folge ihr nach Süden zwischen Ferienbungalows hindurch, mit schö nen Ausblicken auf die Bucht und den Turm. Am Bungalow TIN (**1Std25Min**) biegen wir links auf einen Weg ab (eine Schrank versperrt den Zugang für Fahrzeuge). Nach wenigen Minute biegen wir erneut links ab. Wir überqueren den **Wied Sabbar** au einer alten, halbverfallenen BRÜCKE. Es geht jetzt stetig bergau bis wir die Anhöhe der Klippen erreichen. Fünf Minuten späte halten wir uns links, den Klippen folgend, und lassen den recht abzweigenden Weg unbeachtet, der parallel zum *wied* verläuft Nach 2-3 Minuten, unmittelbar vor Erreichen einer Landzunge folgen wir einem Pfad *(leicht zu übersehen!)* nach rechts. E mündet nach zwei Minuten auf einen höhergelegenen Weg.

Wir folgen dem Weg nach links und erreichen nach gut fün Minuten das obere Ende des *wied* (**1Std40Min**). Wir lassen die Rechtsabzweigung zu einer Brücke unbeachtet und gehen gera deaus weiter. Als Orientierungspunkte dienen uns die niedriger Umrisse eines Hotels in der Ferne. Der Weg führt durch ei archäologisch interessantes Gebiet und bietet schöne Ausblicke auf die Steilküsten von Malta und Gozo. Rechterhand, nu wenige Minuten vom Weg entfernt, liegen die Überreste eines Tempels aus der Kupferzeit (**Il Borg Ta' L-Imramma**). Einige Minuten später, an der südlichen Ecke der Umfassungsmauer de HOTELS TA' CENC (**2Std**), erblicken wir vorgeschichtliche Doppel rillen unterschiedlicher Spurweite, die sich hier kreuzen. Wi gehen rechts um das Hotel herum. Zehn Minuten später errei chen wir das Zentrum des recht ursprünglichen Dorfes **Sannat**. Man kann hier Bus 50 oder 51 nach Victoria nehmen; andernfalls folgen wir der Straße nach **Victoria** (**2Std45Min**).

WANDERUNG 26 GOZO: MGARR • HONDOQ IR-RUMMIEN • QALA • DAHLET QORROT • SAN BLAS BAY • IR-RAMLA • GGANTIJA • XEWKIJA

Siehe auch die Fotos auf Seite 14, 25 und 33

Entfernung/Gehzeit: 16,8 km; 4.25 Std.

Schwierigkeitsgrad: mittelschwer bis anspruchsvoll, mit einem Aufstieg über insgesamt 520 Höhenmeter und einem Abstieg über 460 Höhenmeter (je nach Route). Möglicherweise Schwindelgefahr auf dem Küstenpfad nach Hondoq ir-Rummien; *bei Nässe sollte man der Route der Kurzwanderung folgen*. In der Nähe von Dahlet Qorrot etwas unwegsames Gelände. Danach ist die Tour mittelschwer, aber mit einigen steilen Abschnitten.

Ausrüstung: Wanderstiefel oder feste Schuhe, Sonnenhut, Schwimmzeug, Regenzeug, Proviant, Wasser

Anfahrt: Wie Wanderung 24, Seite 119
Rückfahrt: 🚌 25 nach Victoria oder zum Hafen in Mgarr

Kurzwanderung: Mgarr — Hondoq ir-Rummien — Qala — Mgarr (4 km; 1.40 Std.; mittelschwer, mit einem Auf-/Abstieg über 180 Höhenmeter). Man folgt der Hauptwanderung bis zur Verteidigungsmauer (25Min). Am östlichen Ende der Mauer nimmt man den Pfad, der zu einem Weg führt, der zwischen einer Opuntienhecke (links) und einer Feldmauer (rechts) verläuft. Nachdem man ein verlassenes Gebäude passiert hat, wendet man sich nach rechts. Der Weg setzt sich betoniert fort, und man stößt auf eine Straße, die von Qala herabführt. Hier biegt man nach links und steigt über 60 Höhenmeter nach Qala an. Man biegt links in die Triq iz-Zewwieqa, wo sich ein schöner Blick auf Comino und den Hafen von Mgarr bietet. Man folgt dieser Straße bergab und biegt in Mgarr nach links, um den Hafen zu erreichen.

Variante: Mgarr — Hondoq ir-Rummien — Qala — Nadur (7,5 km; 2 Std.; mittelschwer, mit einem Aufstieg über 230 Höhenmeter und einem Abstieg über 205 Höhenmeter). Man folgt der Hauptwanderung bis zur 1Std20Min-Stelle. Statt hier nach rechts zur Küste zu gehen, wendet man sich nach links und dann nach rechts, um die Verbindungsstraße Nadur/Dahlet Qorrot zu erreichen. Dieser Straße folgt man nach links in das Ortszentrum von Nadur. Die Bushaltestelle für 🚌 42 oder 43 nach Victoria befindet sich am Hauptplatz bei der Kirche.

Diese Wanderung ist die anstrengendste Tour auf Gozo. Wie Wanderung 23 verläuft auch sie durch ein vom Tourismus kaum berührtes Gebiet. Die zerklüfteten Klippen und vielfältigen Gesteinsformationen stellen ein Paradies für jeden geologisch Interessierten dar. Wir verweilen in zwei lieblichen Buchten und genießen den schönsten Strand der Insel. Die Luft ist von süßem Duft erfüllt, den blühende Oleander und aromatische Kräuter verströmen.

Die Wanderung beginnt am Hafen von **Mgarr** bei der GLEN-AGLES BAR. Die meisten Touristen gehen die Hauptstraße hinauf, wir jedoch folgen der Straße um die Nordseite des Hafens herum, an der MARINA vorbei. Die Straße endet an einem Wellenbrecher (**10Min**). Wir klettern ein kurzes Stück über einige Felsen am Ufer entlang und nehmen dann den Fußweg, der zu einer VERTEIDIGUNGSMAUER führt (**25Min**); sie schützt einen Weg landeinwärts.

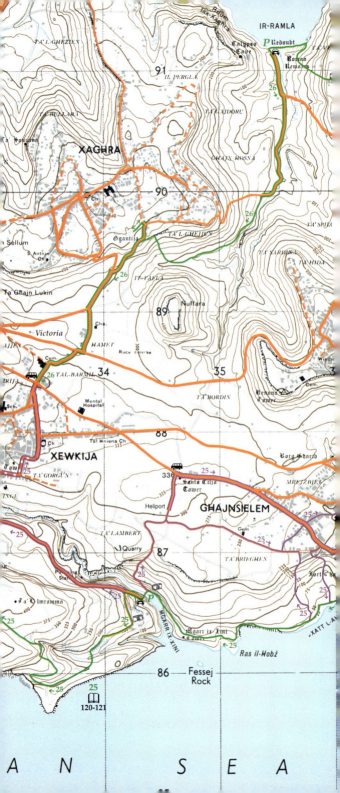

Von der Verteidigungsmauer folgen wir der Küste und halten uns dabei auf dem höchstgelegenen, d.h. am weitesten landeinwärts verlaufenden Pfad (vom Klippenrand entfernt). Es besteht Schwindelgefahr. *(Bei Regenwetter sollte man der Kurzwanderung oben folgen und dann an der Straße, die von Qala kommt, nach rechts biegen. Die Straße endet an einem verlassenen*

126 Landschaften auf Malta, Gozo und Comino

Bauernhaus. Man geht links um das Gebäude und folgt eine*
Pfad zur Küste zurück. Zur Gehzeit sind 5-7 Minuten hinz*
zurechnen.) Der Küstenpfad umgeht einen kleinen TURM auf de*
meerzugewandten Seite und führt dann zur Bucht **Hondoq i**
Rummien. Hier läßt sich schwimmen oder picknicken (**50Mi***
Picknick 26a).

Die Zufahrtsstraße führt uns ansteigend aus der Bucht. Nac*
zehn Minuten kommt links eine kleine KIRCHE MIT FRIEDHOF (**1St***
am Ortsrand von Qala. Wir biegen rechts in die TRIQ MARJA TA*
QALA. Nach zwei Minuten biegen wir an einem GEHÖFT nac*
rechts. (Auf einem Schild an einem Gebäude vor uns steht ›Tr*
Il-Fortin Sant' Anton‹). Drei Minuten später biegen wir an eine*
Rechtsabzweigung, die zu einem STEINBRUCH führt, links in Rich*
tung Qala. Wir kommen in eine der klassischen Landschafte*
auf Gozo — Felder im Vordergrund und Kirchtürme und d*
Windmühle von Qala am Horizont. Wir folgen dem schmale*
Sträßchen nach **Qala** hinein. Wir halten uns rechts und gehe*
an einem Haus namens AVON (**1Std12Min**) vorbei. Dann biege*
wir rechts in die TRIQ IL-MITHNA; auf einem Haus steht d*
Inschrift ›USA 1983‹. (Ein kurzer Abstecher nach links würd*
zu der Windmühle führen, die sich in Privatbesitz befindet*
Fünf Minuten später führt der Weg steil bergab. Bald erreiche*
wir eine Verzweigung und biegen nach rechts *(die Variant*
biegt hier nach links)*. Wir wandern allmählich zu einem kleine*
WACHTTURM hinab (**1Std35Min**). Wir gehen weiter auf die Küst*
zu und biegen links auf den Küstenpfad ein. Nach zehn Minute*
führen uns einige Stufen nach **Dahlet Qorrot** hinab (**1St***
45Min; Picknick 26b). Die Bootshäuser wurden in die Klippe*
gebaut; im Sommer ist es hier erfrischend kühl.

Wir gehen um die Bucht herum und folgen der schmale*
Straße, die auf der Westseite ansteigt. Direkt unterhalb de*
Klippen biegen wir rechts auf einen Fußweg ab (**1Std55Min***
Foto Seite 14) und umrunden den Hügel. Nach etwa zeh*
Minuten (**2Std05Min**) erreichen wir am Fuße der Klippen eine*
WASSERTANK und queren einen STEINERNEN BEWÄSSERUNGSKANAL*
wir halten uns links und gehen bergauf. Der Pfad verbreitert sicl*
zum Weg, der auf eine STRASSE einmündet (**2Std15Min**). Wi*
folgen ihr nach links und nehmen am Ortsrand von **Nadur** di*
erste Rechtsabzweigung (gegenüber einem BAUERNHAUS MIT EINE*
TAFEL UND EINEM HEILIGENSCHREIN auf der Vorderseite). Am SYDNE*
HOUSE halten wir uns wiederum rechts. Diese Straße führt in di*
San Blas Bay hinab (**2Std30Min**; Picknick 26c). Unmittelbar vo*
dem unteren Ende der Straße folgen wir der Linksabzweigung*
Windschutzhecken aus Rohr umgeben Zitrushaine.

Von dem (bei den Einheimischen sehr beliebten) Stran*
folgen wir anfänglich dem Wasserlauf des **San Blas-Tals** hinau*
und passieren die bunten Fischerhütten. Dann biegen wir nacl*
rechts bergauf und gehen durch hübsche Gärten. Zur richtige*
Jahreszeit reifen leuchtendrote Tomaten im Schutze der Mauer*
und Windschutzhecken; schläfrige grüne Eidechsen wärmer*

m San Blas-Tal dienen Feigenkakteen als Windschutz.

ich in der Sonne. Nach zehn Minuten Aufstieg erreichen wir am Fuße der Klippen auf der Westseite des Tals einen WEG (**2Std40Min**). Wir folgen ihm fünf Minuten und biegen dann nach rechts (von jetzt an ist der Weg asphaltiert). Nach wenigen Minuten biegen wir rechts auf die ALTE RAMLA-STRASSE ab. Nach fünf Minuten halten wir uns links, einige Minuten darauf wiederum links; bei einigen Bauernhäusern am Klippenrand mit Blick über Ir-Ramla verengt sich die Straße zum Pfad (**2Std 55Min**). Die Wanderung setzt sich auf dem rechten Pfad fort. Vor dem Abstieg sollte man den weiten Blick auf das Tal genießen, das sich zur Bucht öffnet. Der rotgoldene Sandstrand vor dem unglaublich blauen Meer lädt zum Verweilen in der Bucht **Ir-Ramla** ein (**3Std05Min**; Picknick 26d, Foto Seite 33). Sehenswert sind auch die römischen Ruinen (eine Villa und ein Viadukt) sowie die sogenannte Calypso-Höhle am Hang.

Von der Bucht gehen wir die Talstraße hinauf und biegen nach wenigen Minuten rechts auf eine schmalere Straße ab, die sich im Tal hinaufschlängelt (wo die Hauptstraße nach links schwenkt). Wir gehen an einer Reihe von DÄMMEN vorbei weiter bergauf und biegen dann links auf einen Weg ab (**3Std35Min**). Fünfzehn Minuten später biegt man rechts auf einen ansteigenden Fußweg, der an einem kleinen TEICH vorbeiführt. Fünf Minuten später stößt man auf eine Straße und folgt ihr nach rechts. Nach weiteren fünf Minuten kommt links der neolithische Tempelkomplex von **Ggantija** (**4Std**). Von hier kehrt man auf demselben Weg zur Straßenverzweigung zurück und biegt nach rechts.

Wir stoßen auf die HAUPTSTRASSE XAGHRA/XEWKIJA (unterhalb der Spitzkehre; .**4Std10Min**), biegen nach links und gehen in Richtung der Kuppelkirche von Xewkija. Dann gehen wir geradeaus über die nächste Straße. An der VICTORIA/NADUR-STRASSE biegen wir nach rechts und gehen nach 100 m links weiter, um die Ampel in **Xewkija** zu erreichen (**4Std25Min**). Hier hält der Bus nach Victoria oder Mgarr.

WANDERUNG 27 COMINO: WANDERUNGEN VOM COMINO HOTEL, SAN NIKLAW BAY

Siehe auch das Foto auf Seite 9 **Länge**: 9,1 km; 2.30 Std
Schwierigkeitsgrad: leicht, mit einem Auf-/Abstieg über insgesamt 205 Höhenmeter
Ausrüstung: festes Schuhwerk, Sonnenhut, Badezeug, Regenzeug Getränke
An- und Rückfahrt: Es gibt zwei Möglichkeiten; siehe Seite 133 —
⛴ von Mitte März bis Mitte November verkehrt eine Fähre zwischen Cirkewwa oder Mgarr (Gozo) und Comino, die vom Hotel Comino betrieben wird. Das Comino Hotel bietet für Nicht-Hotelgäste ein Tagespaket an, das die Fahrt mit der Fähre, ein Mittagessen und die Benutzung aller Einrichtungen des Hotels umfasst. Die Plätze sind begrenzt, und man sollte zur Reservierung 24 Stunden vorher anrufen. Die Hauptwanderung beginnt und endet am Hotelkai. Falls man nicht das Tagespaket des Hotels kaufen möchte, wird man trotzdem auf der Fähre mitgenommen, sofern es Platz gibt.
⛴ Mehrere Schiffsunternehmen fahren von Malta zur Blauen Lagune, nämlich von Sliema (Captain Morgan), Marfa (Royal Cruises) und Cirkewwa (Midas) aus. In Cirkewwa fährt das Boot vom Nordkai neben der Bushaltestelle ab. Im Sommer gibt es auch Fahrten von Mgarr (Gozo).

Variante 1 (7,5 km; 2 Std.; leicht, mit einem Auf-/Abstieg über insgesamt 175 Höhenmeter). *Diese Route ist für Besucher Cominos gedacht, die nicht das Tagespaket des Hotels gebucht haben, aber mit dem Hotelboot gekommen sind.* Man folgt der Hauptwanderung zur Blauen Lagune, dem Comino Tower und dem Isolation Hospital. An den sechs Häuschen geht man geradeaus weiter und folgt der Wegbeschreibung auf Seite 130, um die Wanderung zu beenden.

Variante 2 (4,8 km; 1.20 Std.; leicht, mit einem Auf-/Abstieg über insgesamt 105 Höhenmeter). *Diese Wanderung ist für Urlauber gedacht, die den Ausflug zur Blauen Lagune gemacht haben.* Man folgt der Hauptwanderung von der 8Min-Stelle zum Comino Tower und dem alten Isolation Hospital. Dann geht man geradeaus zur Santa Marija Bay weiter, vorbei an der Linksabzweigung bei den sechs Häuschen. Nach einem Bad im Meer kehrt man auf demselben Weg zur Blauen Lagune zurück.

Comino ist die drittgrößte Insel des Maltesischen Archipels. Es gibt nur eine Handvoll Einwohner und so gut wie keine Fahrzeuge. Auf der kleinen Insel — sie ist nur 2,4 km lang und 2 km breit — kann man sich praktisch nicht verlaufen. Pflanzenliebhabern wird der Kreuzkümmel (mit dem Fenchel verwandt) auffallen, dem die Insel ihren Namen verdankt. Erfreulicherweise ist die Insel ein Vogelschutzgebiet.

Da es am bequemsten ist, mit dem Hotelboot nach Comino anzureisen, beginnt die Wanderung am Hotelkai und führt zum Mittagessen wieder zum Hotel zurück (siehe ›Anfahrt‹), um nach einer weiteren Wanderrunde am Kai zu enden.

Wir gehen **zunächst** den Weg hinauf, auf dem wir das Privatgelände des Hotels verlassen. An einem Gebäude mit BLAUER TÜR (**3Min**) biegen wir nach rechts. Nach etwa fünf Minuten erreichen wir die Westküste und die berühmte **Blaue Lagune** (**8Min**; Picknick 27; Foto Seite 9) mit ihrem irisierend grünlich-

blauem Wasser. In der Hochsaison liegen hier zahlreiche Jachten und Ausflugsboote von Malta vor Anker, aber zum Glück steht ein durch ein Seil abgesperrter Teil der Lagune ausschließlich Badegästen zur Verfügung. Die Blaue Lagune wird immer populärer; es gibt Duschen und Toiletten, und an Kioskwagen sind Erfrischungen erhältlich.

In sicherem Abstand vom steilen Klippenrand folgen wir dem Küstenpfad in südlicher Richtung und genießen den Blick auf das tiefblaue Meer, versteckte Höhlen und vorgelagerte Inselchen (als erstes und größtes taucht Cominotto auf). An stürmischen Tagen schießt das Meereswasser durch ein Spritzloch hoch auf, so daß man leicht naß wird. Wir umgehen zwei kleine Buchten und vermeiden die Vertiefung dazwischen, die direkt ins offene Meer führt. Dann biegt der Pfad nach rechts zum 1618 erbauten **Comino Tower** hinauf (**20Min**). Für einen wunderschönen Blick über Comino, der bis nach Malta und Gozo reicht, überqueren wir die wacklige Zugbrücke und steigen den Turm empor (falls eine Wache anwesend ist, wird man eventuell begleitet).

Unser nächstes Etappenziel ist das alte **Isolation Hospital** (Quarantänestation). Zwei Emailleschilder in der Ecke eines Gebäudeflügels, die für Dewar's White Label Whisky werben, und einige staubige Kisten mit leeren Flaschen erinnern an vergangene Zeiten, als eine alte Dame hier eine Bar betrieb!

Der Weg verläuft jetzt nach Norden durch eine (mit etwas Phantasie so zu bezeichnende) Allee. Wer neugierig ist, kann einen Abstecher zum alten Friedhof auf der Anhöhe machen. Die Wanderung führt ansonsten geradeaus weiter, bis wir SECHS HÄUSCHEN erreichen, die sich um einen Hof gruppieren. Wir biegen hier nach links und folgen dem holprigen und steinigen Weg, der allmählich an Feldern vorbei, die durch Steinmäuerchen oder Spanischem Rohr abgegrenzt sind, zur **San Niklaw Bay** hinabführt. Dies ist ein schöner Privatstrand, der zum Comino Hotel gehört. Wir sind jetzt knapp **1Std** unterwegs, so dass wir nun gemütlich das Mittagessen einnehmen und baden können (im Tagespaket enthalten).

Nach der Mittagspause kehren wir zu der Wegverzweigung nahe den SECHS HÄUSCHEN zurück und biegen nach links. Zehn Minuten nach Verlassen des Hotels erreichen wir ein kleines KIRCHLEIN (hier findet immer noch Gottesdienst statt), das über den Baumwipfeln auftaucht. An dieser Stelle haben wir eine Gesamtgehzeit von **1Std15Min** erreicht. Unser nächstes Ziel ist die POLIZEISTATION, die sich oberhalb eines kleinen Bootshauses mit Aufschleppe versteckt und die wir nach zwei Minuten erreichen.

Von hier wandern wir zum ›Südseeinselstrand‹ **Santa Marija** weiter, der von Tamarisken und Mönchspfeffer *(Vitex agnus castus)* gesäumt ist. Wir gehen am Strand entlang. Wenige Meter vor der Mole nehmen wir einen Weg, der ansteigt. Wir kommen am **Comino Major** vorbei, der sich zu unserer Linken gerade einmal 75 m erhebt.

Dann erreichen wir die SCHWEINEMÄSTEREI, die erbaut wurde, um die Bauernhöfe der Insel nach der Schweinepest-Epidemie im Jahr 1980 mit neuen Tieren zu versorgen. Hinter der Schweinemästerei führt der Weg steil zu einer halb verfallenen REDOUTE der Johanniter hinab, die in beherrschender Lage die Meerenge kontrollierte (**1Std40Min** bzw. 40 Min. nach der Mittagspause). Leider wird der Zugang zu der Befestigung durch ein Tor versperrt.

An der Redoute biegen wir rechts auf einen guten Weg, der etwa 30 m oberhalb der sanft abfallenden Südküste Cominos verläuft. Wir erreichen eine Abzweigung (**2Std** bzw. 1 Std. nach der Mittagspause) zum **Smugglers Creek** hinab. In dieser Bucht liegt angeblich das Wrack eines kleinen Schiffs, das mit geschmuggelten Zigaretten beladen war.

Bald sind wir wieder am **Comino Tower** und gehen zum HOTEL zurück (**2Std30Min** bzw. 1.30 Std. nach der Mittagspause).

Der Comino Tower

FAHRPLÄNE (BUSSE, HUBSCHRAUBER, FÄHRE)

MALTA

Vom City Gate in Valletta fahren öffentliche Busse zu fast allen Orten der Insel. Nachstehend sind ausgewählte Busverbindungen zu den Ausgangs- und Endpunkten der Wanderungen dieses Buches sowie weitere nützliche Buslinien zu den Urlaubszentren aufgeführt. Die Public Transport Association (Tel 250007/8/9) gibt einen sehr nützlichen kostenlosen Streckenplan für das Busnetz (*Malta Bus Map*) heraus; er enthält alle Busverbindungen sowie Tarife. Allmählich werden direktere Busverbindungen von der Bushaltestelle Bugibba hinter dem Hotel New Dolmen und von der Bushaltestelle an der Sliema-Fähre eingerichtet.

Busverbindungen von VALLETTA

Endstation	Bus-nummer	Häufig-keit	Letzter Bus nach Valletta zurück
Armier Bay	50	eingeschränkter Verkehr	*nur im Sommer*
Bahar ic-Caghaq*	68	30 Min.	23.00
Birzebbuga	11	10-20 Min.	21.00
Bugibba	49	7-17 Min.	21.00
Bugibba	58	20-30 Min.	19.00
Buskett	81	30 Min.	22.00 (von Rabat)
Cirkewwa (zu den Gozo- und Comino-Fähren)	45	vom Fährfahrplan abhängig	19.10
Cospicua/Vittoriosa	1/2/4/6	10 Min.	21.30
Dingli	81	30 Min.	22.00 (von Rabat aus)
Golden Bay/Mgarr	47	30 Min.	20.00
Gharghur	55	15 Min.	21.00
Gudja/Airport	8	20-30 Min.	20.00
Marsascala (über Zonqor)	17	6 Fahrten täglich	20.45
Marsascala	19	20 Min.	21.30
Marsascala	20	stündlich	19.00
Marsaxlokk	27	30 Min. (sonntags häufiger)	21.00
Mellieha (Ortschaft)	43	10-20 Min.	20.30 (20.00 im Winter)
Mellieha (Ghadira Polizeirevier)	44	10-20 Min.	20.30 (20.00 im Winter)
Mosta	53	10 Min.	21.00
Naxxar	55	15 Min.	21.00
Qrendi	35	30 Min.	20.00
Rabat	80/81	10-20 Min.	22.00
Savoy (Sliema)	60/63	10-20 Min.	21.30
St. Andrew's*	67	5-10 Min.	23.00
St. Andrew's* (über Swieqi)	64	stündlich	23.00
St. Julian's (Paceville)*	62	5-10 Min.	23.00
St. Paul's Bay: Die Linien 43, 44 und 45 verkehren hier			
Senglea	3	20-30 Min.	21.30
Siggiewi	89	30 Min.	20.30
Wied iz-Zurrieq	38/138	30 Min.	17.00
Xghajra	21	30 Min.	20.15
Zurrieq	32/34	15 Min.	22.00

*Bus 70 von Bugibba folgt der Küstenstraße durch Bahar ic-Caghaq, St. Andrew's und St. Julian's

Busverbindungen von SLIEMA (Sliema-Fähre)

Endstation	Busnummer	Häufigkeit	Letzter Bus zurück
Bugibba	70	15-20 Min.	21.00 (19.30 im Winter)
Cirkewwa	645	30 Min.	20.10 (18.45 im Winter)
Golden Bay	652	30 Min.	19.10 (17.15 im Winter)
Mosta/Rabat/Mdina	65	30 Min.	18.30

Busverbindungen von BUGIBBA

Zielort	Busnummer	Häufigkeit	Letzter Bus zurück
Cirkewwa	48	15-30 Min.	19.10 (17.40 im Winter)
Golden Bay	51/652	15 Min. (30 Min. im Winter)	19.10 (17.15 im Winter)
Marsaxlokk	427	stündlich	17.00
Marsaxlokk (über Sliema)	627	Abfahrt 09.30, 11.00, 12.00, 13.00, 14.00, 15.00	16.00
Rabat/Mdina	86	20-30 Min.	18.00
Sliema	70	15-20 Min.	20.00 (19.30 im Winter)

Andere Busverbindungen

Endstation	Busnummer	Häufigkeit	Letzter Bus zurück
Cospicua (Drydocks), nach Marsascala über Zabbar	22	stündlich (jeweils 15 Min. nach der vollen Stunde)	21.30
Rabat — Bahrija	80	*	18.55
Siggiewi — Ghar Lapsi (nur im Juli und August)	94	**	20.00

*Abfahrt von Rabat um 8.45, 12.30, 14.30 und 18.45; Rückfahrt von Bahrija 10 Min. später. De Fahrplan hängt im Laden in Bahrija aus.

**Abfahrt von Siggiewi donnerstags um 8.00, 10.50 und 15.00; Rückfahrt von Ghar Lapsi um 8.15, 11.00, 15.15 und 20.00; Abfahrt von Siggiewi sonntags um 8.00, 10.50, 14.00, 15.00 und 16.00; Rückfahrt von Ghar Lapsi um 8.15, 11.00, 14.15, 15.15, 18.00, 19.00 und 20.00. De Fahrplan hängt in der Stadtverwaltung neben der Bushaltestelle in Siggiewi aus.

GOZO

Eine Zusammenfassung der wichtigsten Busverbindungen (unten aufgeführt) ist be den Tourism Offices am Indepencence Square, Victoria, und Mgarr Harbour erhältlich Fahrpläne hängen im Büro der Verkehrsleitzentrale im Busbahnhof Victoria aus. Die Wanderungen dieses Buches wurden hinsichtlich einer leichten Anreise *von Malta aus* konzipiert. Zwei der Wanderungen beginnen in Mgarr; die beiden anderen haber nach einer kurzen Fahrt mit dem Bus Nr. 25 von Mgarr Victoria als Ausgangspunkt.

Busverbindingen von VICTORIA

Endstation	Busnummer	Häufigkeit Winter*	Häufigkeit Sommer	Letzter Bus nach Victoria zurück Winter	Letzter Bus nach Victoria zurück Sommer
Dwejra	91	—	4	—	17.30
Kercem/Santa Lucia	14	4	4	16.00	16.00
Marsalforn/Qbajjar	21	7+	24	16.35	23.00
Mgarr (Hafen)	25	Abfahrt 30 Min. vor der fahrplanmäßigen Abfahrt der Fähre		18.30	19.00
Nadur/Qala/Ghajnsielem/Xewkija	42, 43	13	13	19.00	19.00

Fortsetzung gegenüber

Fahrpläne (Busse, Hubschrauber, Fähre)   133

	Winter*	Sommer	Winter	Sommer
Ramla	42	—	5**	—	18.00
San Lawrenz/Gharb	1, 2, 91	7	7	17.30	17.30
Sannat/Munxar	50, 51	6	6	17.15	17.15
Xaghra	64, 65	12	12	19.00	19.00
Xlendi	87	6	12	16.15++	20.00
Zebbug/Ghasri/ Ta' Pinu	91	7	7	17.30	17.30

*Die Häufigkeiten gelten werktags. Der Winterfahrplan gilt von November bis März. Sa, So und an Feiertagen fahren die Busse u.U. anders. **An Sonn- und Feiertagen gibt es vier Busse. Im April, Mai, Juni und Oktober gibt es 11 Busse; drei Fahrten führen bis Qbajjar. ++Im Juni und Oktober fährt der letzte Bus um 17.45

MALTA-GOZO HUBSCHRAUBERSERVICE

Dieser Service wird von Malta Aircharter (Telefon 22999138) unterhalten. Die Verbindung (ganzjährig) besteht zwischen dem Hauptverkehrsflughafen auf Malta und dem Landeplatz in der Nähe von Xewkika auf Gozo (Telefon 557905). Die Fahrzeiten ändern sich häufig, je nach Jahreszeit und Wochentag. Ein aktueller Fahrplan ist im Büro der Air Malta erhältlich. Der zehnminütige Flug bietet einen ausgezeichneten Überblick über die Insel.

MALTA-GOZO FÄHRDIENST

Die Autofähren werden von der Gozo Channel Company, Hay Wharf, Sa Maison (Telefon 243964/5/6) unterhalten. Fahrkartenkiosk Cirkewwa Telefon 580435/6; Büro im Hafen von Mgarr Telefon 556114. Die Überfahrt von Cirkewwa (an der Nordspitze Maltas) dauert etwa 25 Minuten. (Nur *im Sommer* bietet die Gozo Channel Company dreimal täglich eine Catamaran-Verbindung zwischen den Inseln an, aber der z.Zt. gültige Fahrplan ist für Wanderer uninteressant.)

CIRKEWWA — MGARR täglich (einschließlich sonn- und feiertags)
Abfahrt Cirkewwa*: 06.00, 06.45, 07.15, 07.45, 08.15, 08.45, 09.15, 09.45, 10.15, 11.15, 12.00, 12.45, 13.30, 14.15, 15.00, 15.45, 16.30, 17.00, 17.30, 18.00, 18.45, 19.15, 20.15, 21.15, 22.15, 22.45, 23.30, 01.00, 02.30, 04.30
Abfahrt Mgarr*: 05.15, 06.00, 06.30, 07.00, 07.30, 08.00, 08.30, 09.00, 09.30 10.30, 11.15, 12.00, 12.45, 13.30, 14.15, 15.00, 15.45, 16.15, 16.45, 17.15, 18.00, 18.30, 19.30, 20.30, 21.30, 22.00, 23.00, 00.30, 02.00, 04.00
*Von April bis Oktober; im Winter eventuell weniger häufig.

COMINO PASSAGIERFÄHRE

COMINO HOTEL BOOT: Diese Verbindung wird von den Hotels auf Comino zwischen Mitte März und Mitte November angeboten (Tel. 529821). *Hinweis: an- und abreisende Hotelgäste werden auf diesem Boot bevorzugt mitgenommen.*

Malta—Comino—Malta
Abfahrt Cirkewwa: 07.30 *(über Gozo),* 09.00, 10.00, 12.00, 16.45, 18.30
Abfahrt Comino: 06.40 *(über Gozo),* 08.30 **bei Nachfrage**, 09.40, 11.30, 16.15, 18.05
Gozo—Comino—Gozo
Abfahrt Mgarr: 06.15, 08.10, 11.05, 15.00, 15.45, 17.50
Abfahrt Comino: 10.30, 14.30, 15.30, 17.30, 21.15

CAPTAIN MORGAN CRUISES Dolphin Court, Tigne Sea Front, Sliema (Tel.: 343373/331961/336981). Die Ausflugsboote besuchen die Blaue Lagune auf Comino. Abfahrt bei den Sliema Ferries.

MIDAS SHUTTLE SERVICE David, Lorrie und Josef Xuereb, 13 Cordina St, Ghajnsielem, Gozo (Tel. 552432) betreiben ein Boot, das von Cirkewwa zur Blauen Lagune auf Comino fährt. Abfahrt stündlich 9-18 Uhr vom Nordkai (an der Cirkewwa-Bushaltestelle).

Ortsregister

Dieses Verzeichnis enthält lediglich Ortsnamen. Für alle weiteren Angaben siehe Inhaltsverzeichnis Seite 3. **Fettdruck** weist auf eine Abbildung hin, eine *kursiv gedruckte* Seitenzahl auf eine Karte. Beide Schrifttypen können auch eine Textpassage auf derselben Seite bezeichnen. (M) = Malta, (G) = Gozo, (C) = Comino. Siehe auch die Fahrpläne für Busse, Hubschrauber und Fähren ab Seite 131.

Aħrax Point (M) *46-47*, 49
Armier Bay (M) 110, 18, *46-47*, **48**, 49, 131
Armier-Kreuzung (M) 10, 11, *46-47*, 50
Baħar iċ-Ċagħaq (M) 18, *64-65*, 131
Bahrija (M) 72, *74-75*, 76
Bidnija (M) *58-59*, **60**, *62-63*, *74-75*
Binġemma Fort (M) 69, *70-71*, *74-75*
Binġemma Gap (M) 12, 17, 19, **69**, *70-71*, *74-75*, *78-79*, 80
Binnenmeer (Inland Sea; G) 14, 25, *116-117*, 118
Birbuba (G) 111, *112-113*, 114
Birkirkara (M) 23
Birżebbuġa (M) *102-103*, 131
Blata l-Bajda (nahe Marsascala; M) **13**, 108, *109*, 110
Blata l-Bajda (nahe St Paul's Bay; M) 56, 57, *58-59*, *64-64*
Blaue Grotto (M) 22, 92, *94-95*
Blaue Lagune (C) **9**, 14, 128, *129*
Borġ in-Nadur (M) 22, 101, *102-103*
Buġibba (M) *62-63*, 131, 132
Buskett (M) 13, *82-83*, *88-89*, 90, 92, 131
 Gärten (M) 113, 21, 23, *82-83*, *88-89*, **92**, 93
Busugrilla (Verkehrskreisel nahe Rabat; M) 19, 72, *74-75*, 81, *82-83*, *88-89*
Chadwick Lakes (M) 19, 72, 73, *74-75*, *78-79*
Ċirkewwa (M) 17, 18, *46-47*, 49, 50, 131, 132, 133
Comino 128, *129*, 130, 133
 Turm (C) 129, **130**, *130*
Cospicua (M) 39, *40*, 41, 42, 131, 132
Daħlet Qorrot (G) 14, 123, 126, *124-5*
Delimara Point (M) 13, 104, *105*, 107
 Fort *105*, 107
Dingli (und Dingli-Klippen; M) 23, **76-77**, 81, *82-83*, **84**, 131
Dwejra Bay (M) *1*, 14, 24, 25, **26**, 111, **115**, *116-117*, 118, 132
Dwejra Lines (M) 19, 69, 72, *74-75*, *78-79*, 80

Falka (M) *62-63*, *78-79*
Ferretti Battery (M) 22
Fiddien Bridge (M) 19, 72, 73, *74-75*
Fomm ir-Rih (Bucht) *70-71*, *74-75*, 77
Forna Point (G) **112-113**, *112-113*
Fort Campbell (M) 57, *58-59*
Fort Chambray (G) *120-121*
Fort San Leonardo (M) 108, *109*, 110
Fungus Rock (G) 25, **26**, *116-117*, 118
Gelmus Butte (Hügel; G) *112-113*, 114, *116-117*
Ġgantija (G) 25, 123, *124-125*, 127
Għadira (M) 10, 18, *46-47*, 48, 50, 52, **54**, 131
Għajn Hadid Tower (M) 57, *58-59*
Għajn Snuber Tower (M) 11, 19, 52, *54*
Għajn Tuffieħa (M) 11, 19, **54**, *70-71*, *74-75*
 Bucht (M) 71, *70-71*, *74-75*
Għajnsielem (G) 119, *124-125*, 133
Għallis Point (M) 18, *62-63*
 Turm (M) 18, *62-3*, 64
Għar Dalam (M) 22, 101, *102-103*
Għar il-Kbir (M) *82-83*, *88-89*, **90-91**
Għar Lapsi (M) 13, 21, 23, 92, **93**, *94-5*, 132
Għarb (G) 25, 111, *112-113*, 114, 133
Għarghur (M) 11, *64-65*, **66-67**, 68, 131
Għasri (G) 111, *112-113*, 133
Ghemieri (M) 72, *74-75*
Gnejna Bay (M) 12, 19, *70-71*, 72, *74-75*, 77
Gnien l-Kbir (M) 86, 87, *88-89*
Golden Bay (M) 11, 17, 19, 52, **54**, 69, *70-71*, *74-75*, 131, 132
Gorf l-Abjad (M) *109*, 110
Gudja (M) 101, *102-103*, 131
Ħagar Qim (M) 21, 23, 92, *94-95*
Hal Mula (M) *98-99*
Hekka Point (G) 111, *112-113*, 114
Hompesch Arch (M) 21
Hondoq ir-Rummien (G) 114, 123, *124-125*, 126
Hypogäum (M) 21

Ortsregister

-Čumnija (M) 46-47, 50, 51, **52**, *54*
Ħofra (M) 104, *105*, 107
Kullana (M) **84**
Munxar (M) 104, *105*, 106
Pellegrin (M) *70-71*, *74-75*, 77
Prajjet (M) *52*, 53, *54*
Qadi (M) *62-63*, 64
Qala t-Tawwalija (M) 13, *105*, 107
Qattara-Rücken (M) *82-83*, 85
Qlejgħa (M) 72, *74-75*
Qolla (nahe Bidnija; M) *58-59*, 60
Qolla (nahe den Chadwick Lakes; M) *78-79*, **80**
-Wardija ta' San Gorg (M) **93**
-Ramla (G) 14, 24, **33**, 123, *124-125*, 127
appara (M) 20
avallerizza (Haus; M) **101**
erċem (G) *112-113*, 115, *116-117*, 132
uncizzjoni (M) *70-71*, *74-75*, 76
aferla Kreuz (M) *88-89*, 91, *94-95*
-Imbordin (M) *58-59*, 61
'ppija Tower (M) 12, 19, *70-71*
-Iskorvit (M) 69, *70-71*, 72, *74-75*
Madliena (M) *64-65*, 67
Magħtab (M) *64-65*, 68
Manikata (M) 19, *54*, 55
Marfa (M) *46-47*, **49**
-Rücken (M) 10, 11, 18, *46-47*, 48, 49, **50-51**
Marsalforn (G) 24, **25**, *112-113*, 132
Marsascala (M) 21, **23**, 31, 104, *105*, 108, *109*, 131, 132
Marsaxlokk (M) 21, 22, 101, *102-103*, **103**, 104, *105*, 131, 132, **Umschlag**
Mdina (M) **2**, 17, 19, 43, *44*, **45**, 132
Mellieħa (M) **11**, 17, 18, 30, *54*, 131
-Bucht (M) 10, 18, 48, 51, *54*
-Rücken (M) 18, *54*, *58-59*
Mellieħa Point (G) 119, *120-121*, **123**, *124-125*
Mġarr (G) 24, **25**, 119, *120-121*, 123, *124-125*, 132, 133
Mġarr (M) 12, 17, 19, **20**, *58-59*, 69, *70-71*, 72, *74-75*, 131
Mġarr ix-Xini (G) 14, 119, *120-121*, 122, *124-125*
Mġiebaħ (Bucht, Tal; M) 11, **12**, 56, *58-59*
Mistra (Bucht, Tal; M) 11, 18, 56, **57**, *58-59*
Mizieb (M) 52, *54*
Mnajdra (M) *94-95*
Mosta (M) 12, 17, 19, 72, *78-79*, 131
Msida (M) **23**
Mtaħleb (M) 72, 73, *74-75*, **76-77**, 81, *82-83*
Munxar (G) *116-117*, 133

Nadur (M) 114, 24, 123, *124-125*, 126, 133
Turm (G) 69, *70-71*
Naxxar (M) **7**, 17, 20, *62-63*, *64-65*, 131
Paradise Bay (M) 18
Peter's Pool (M) 13, *105*, 107
Pietà (M) 21
Pinto Redoubt (M) *58-59*
Pretty Bay (M) 22
Pwales Valley (M) *58-59*, 60, 61
Qala (G) 14, 24, 123, *124-125*, 126, 133
Qammieh-Klippen (M) *46-47*, 50, 51, **52**, *54*
Qawra Tower (G) *116-117*, **118**
Qlejgħa-Tal (M) 73, *74-75*, *78-79*, 79
Qormi (M) *98-99*
Qrendi (M) 92, *94-95*
Rabat (M) 12, 17, 19, 43, *44*, 45, 46, 72, 73, *74-75*, 81, *82-83*, 86, *88-89*, 131, 132
Ramla Bay (M) *46-47*, **49**; siehe auch Ir-Ramla (G)
Ramla tal-Qortin (M) *46-47*, 49
Ramla tat-Torri (M) *46-47*, **48**, 49
Ras il-Miġnuna (M) *58-59*
Ras il-Waħx (M) *54*, 55
Ras in-Niexfa (M) 53, *54*
Rdum Dikkiena (M) 92, *98-99*
Rdum il-Bies (M) *58-59*
Rdum l-Imdawwar (M) *70-71*, *74-75*, 77
Red Tower (M) 11, 18, *46-47*, 50
St Andrew's (M) *64-65*, 131
St George's Bay (M) 22, *64-65*
St Julian's (M) **16-17**, 31, *64-65*, 66, 131
St Paul's Bay (M) 18, 30, *58-59*, *62-63*, 131
St Thomas Bay (M) 104, *105*, **106**
Turm (M) 104, *105*, **109**
Salina Bay (M) 17, 18, *62-63*
Salvator (M) *82-83*
San Anton Gardens (M) 21, 23
San Blas Bay (G) **14**, 123, *124-125*
Tal (G) *124-125*, 126, **127**
San Ġwann (M) 17, 20
San Lawrenz (G) 25, 111, *112-113*, 133
San Niklaw Bay (C) 128, *129*
San Niklaw (Kapelle; M) *94-95*, 96, 97
Sannat (G) 14, 119, *120-121*, 122, 133
Santa Katerina (M) *82-83*
Santa Luċija (G) *112-113*, 115, *116-117*, 118, 132
Santa Marija Bay (C) *129*, 130
Santa Pietru (M) 111, *112-113*
Selmun Palace (M) 52, 56, *58-59*
Senglea (M) 39, *40*, 41, **42**, 131

136 Landschaften auf Malta, Gozo und Comino

Siġġiewi (M) **22**, 23, 86, *88-89, 94-95,* 96, *98-99,* 131, 132
Sliema (M) 17, 21, 31, 131, 132
Ta' Baldu (M) 81, *82-83,* 85
Ta' l-Imgharrqa (M) *46-47,* 48
Ta' Macca (M) *46-47,* 49
Ta' Pinu (Kirche; G) 25, 133
Ta' Qali (Handarbeitszentrum und Nationalpark; M) 23
Ta' Saliba (M) 19, *58-59*
Tafal-Klippen **122**, *124-5*
Tal-Lunzjata-Rücken (M) 81, *82-83*
Tal-Providenza (M) *88-89, 94-95,* 96, **97**
Tal-Virtu (Rabat; M) 12, 86, *88-89*
Tarġa Gap (M) 12, 60, *62-63, 78-79,* 80, 82
  Öffentliche Gärten 12, *62-63, 78-79*
Tas-Santi (M) 69, *70-71,* 72, *74-75*
Tas-Silġ Battery (M) 104, *105,* 107
Tat-Tarġa Gap (M) *74-75,* 81, *82-83,* 85
Tumbrell Point (M) *105,* 107
Valletta (M) *36-37, 38,* **42**, 131
Verdala Palace (M) 23, 86, *88-89,* **92**, 96
Victoria (G) 24, 25, 26, 111, *112-113,* 115, *116-117,* 119, *120-121,* 132
Victoria Lines (M) 11, 12, *58-59, 62-63, 64-65,* 68, **69**, *70-71, 74-75,* 77, *78-79,* 80
Vittoriosa (M) 39, *40,* 41, **42**, 131

Waschhaus der Johanniter 26
Wied il-Għajn Riħana (M) *62-63*
Wied il-Għasri (G) 111, *112-113,* 114
Wied il-Ħesri (M) *98-99*
Wied il-Kbir (M) *98-99,* 100
Wied il-Luq (M) *88-89,* 91
Wied il-Mielah (G) **112**, *112-113,* 114
Wied ir-Rum (M) 85
Wied iż-Żurrieq (M) 13, 21, 22, *94-95,* 131
Wied l'Arkata (M) *58-59,* 60, **61**, *62-63*
Wied Qannotta (M) *58-59,* 61
Wied Qirda (M) *98-99,* 100
Wied ta' l-Isqof (M) 86, **87**, *98-99*
Xagħra (G) 25, *124-125,* 133
Xemxija (M) 18, 56, *58-59,* 60, 62
Xewkija (G) 26, 119, *120-121,* 123, *124-125,* 133
Xgħajra (M) 108, *109.* 110, 131
Xlendi (G) 13, 24, 26, 115, *116-117,* 133
  Bucht und Turm (G) 13, *116-117*
Xrobb il-Għaġin (Halbinsel; M) *105,* 106
Xwieni Bay (G) 13, 111, *112-113,* **113**, 114
Żebbuġ (G) 111, *112-113,* 114, 133
Żebbuġ (M) *88-89, 98-99*
Zejtun (M) 21
Żonqor Point (M) 108, *109*
Żurrieq (M) 22, *94-95,* 131

Notfall-Terefonnummern

	Malta	**Gozo**
Ärztlicher Notdienst	196	556851
Verkehrsunfall	191	—
Polizei	224022, 220451, 246494	562040, 562041, 562042